KOURAL

TRADUIT DU TAMOUL

GNANOU DIAGOU

GYAN

Published by

GYAN

Gyan Publishing House
5, Ansari Road
Daryaganj, New Delhi-110002
Phone: 011-47034999, 9811692060
E-mail: books@gyanbooks.com

Distribution Network
gyanbooks.com
India, USA, Canada, UK, Australia, France

ISBN : 978-81-212-4119-9 (PB)
First Published, 1942

2nd Impression 2021

Printed at: Gyan Press, Delhi.

Koural
Author: Gnanou Diagou

INTRODUCTION.

Faire connaître au Public Français un des plus vieux chefs d'œuvre de la littérature tamoule : tel est le but de cette traduction. Sans doute. dans la traduction sont perdus l'accent original et les nuances fines de la pensée, surtout lorsque le génie de la langue traduite est très différent de celui de la langue en laquelle la traduction se fait, comme c'est le cas du tamoul et du français. Moins cependant, croyons-nous, dans la traduction juxtalinéaire où les détails de couleur locale ouvrent des horizons nouveaux à la curiosité et de vastes champs d'investigation à l'érudition. Aussi nous sommes-nous appliqué à traduire, mot par mot, l'œuvre de Tirouvallouvar.

Qu'est-ce que Kour'al ? C'est un ouvrage sans nom, car Kour'al signifie "brièveté, distique" Du reste, il eût été difficile a l'auteur, de donner à son ouvrage un nom digne de sa beauté. tant les sujets traités sont variés et différents.

Ce qui est admirable dans Kour'al, c'est que son auteur s'adresse, sans acception de castes, de peuples, de croyances, au genre humain; c'est qu'il forme de la Morale Souveraine la Raison absolue, qu'il célèbre dans leur essence même, dans leur abstract on éternelle la Vertu et la Vérité, qu'il présente en faisceau, les règles suprêmes de la vie domestique et de la vie siciale, qu'il est aussi parfait de pensée, de langue et de poésie, dans la contemplation métaphysique des grandeurs de Dieu, que dans l'analyse facile et gracieuse des tendresses du cœur. A tel point, que l'on est en droit de se demander, si c'est le même cerveau qui a conçu et la même main qui a écrit le traité de la vertu et le traité de l'amour.

Qui donc peut hésiter à reconnaitre Kour'al, pour une des expressions les plus hautes et les plus pures de la pensée humaine?

Quant a l'auteur, il est aussi sans nom. Car Vallouvar est le titre honorifique d'une caste. Il n'est donc connu que par sa gloire, par la vénération, dont l'ont entouré les habitants du sud de l'Inde qui considèrent Kour'al comme le cinquième Vêda.

Au contraire de Pascal, pour lequel, il n'y a "ni doctrine du cœur sans l'amour de Jessus-Christ, ni hauteur d'intelligence sans la vénération de Jesus-Christ", Tirouvallouvar ne connait d'autre Divinité que "l'Etre primitif, le Miséricordieux, le Pur Intelligent, le Souverain, la Justice, la Substance, la vraie Vérité, la droite Vérité".

Les dieux secondaires qu'il cite sont des figures, des énergies personnifiées autour de son idée condensée en maximes, plutôt que des êtres réels d'un panthéon. Il emploie rarement leurs noms bhramaniques et préfère les désigner par leurs attributs. c'est la divinité du Bonheur, c'est la Beauté, la Fortune;

Table des Matières.

SECTION II.

Du renoncement au monde.

A. DISCIPLINE.

B. SAGESSE.

LIVRE 2ème

TRAITÉ DES BIENS

SECTION I

Du Roi

SECTION II.

DES MEMBRES DU GOUVERNEMENT.

CHAPITRE I.

Louange de Dieu.

1. Toutes les lettres ont pour principe : A ; l'univers a pour principe l'Etre Primitif.

2. A quoi sert le savoir, si l'on n'adore pas les pieds de Celui qui a la vraie Connaissance parfaite ?

3. Ceux qui se réfugient aux pieds glorieux de Celui qui est descendu dans la fleur vivront éternellement au ciel bienheureux, supérieur à tous les mondes.

4 Ceux qui se sont unis aux pieds de Celui qui n'a ni désir, ni aversion, ne souffriront jamais des douleurs inhérentes à la naissance.

5 Les deux fruits de l'illusion (le bien et le mal) n'approchent pas ceux qui célèbrent la vraie gloire du Seigneur.

6. Vivront éternellement ceux qui se tiennent dans la vraie ligne de conduite de Celui qui a consumé les cinq passions, procurées par les sens.

7. Autres que ceux qui se sont réfugiés aux pieds de Celui qui n'a pas d'égal, ne peuvent éviter les inquiétudes de l'esprit.

8. Autres que ceux qui se sont attachés aux pieds du Sage qui est l'océan de la vertu ne peuvent traverser les mers orageuses distinctes de ce dernier (richesses et plaisirs des sens).

9. Tout comme les organes des sens sans virtualité, la tête qui ne s'est pas inclinée aux pieds de Celui qui est doué des huit attributs' est sans valeur.

10. Ceux qui se sont réfugié aux pieds du Seigneur franchissent le grand océan des naissances; les autres ne peuvent le franchir.

CHAPITRE II.

Eloge de la pluie.

11. Parce que la terre se soutient, grâce à la pluie qui tombe continuellement, la pluie mérite le nom d'ambroisie.

12. Non seulement la pluie procure la meilleure nourriture à tous les êtres, mais aussi elle se constitue leur meilleur aliment.

13. Si la pluie vient à manquer, la faim demeurera constante sur cette vaste étendue de terre même entourée du vaste océan et tourmentera les êtres vivants.

14. Les laboureurs ne labourent pas à l'époque où la source de la pluie tarit.

15. C'est donc la pluie qui ruine (par sa rareté) c'est encore elle qui ranime ce qui est ruiné, par son bienfait.

16. Là où l'on ne voit pas tomber des nues les gouttelettes d'eau, il est rare de voir pousser l'herbe tendre.

17. Même l'eau de l'immense océan perdrait son volume si le nuage perdant sa densité ne se resolvait pas en pluie qui y tombât.

18. Si la pluie ne tombe pas, les hommes ne célèbreront pas de fêtes en ce monde en l'honneur des habitants du ciel et ne leur offriront pas de sacrifices.

19. La charité et l'austérité disparaitront de cette vaste terre, si le ciel n'y envoie pas de pluie.

20. Rien en ce monde n'est possible à qui que ce soit, sans l'eau. Tout dépend donc du ciel qui fait pleuvoir continuellement.

CHAPITRE III.

Grandeur de ceux qui ont renoncé au monde.

21. Les Ecritures exaltent au dessus de tout autre Bien. la grandeur de ceux qui ont renoncé au monde et mènent une vie de discipline.

22. Tenter d'évaluer la grandeur de ceux qui ont renoncé au monde, c'est tenter de dénombrer les morts ici-bas.

23. La grandeur de ceux qui, après avoir pesé et compris l'essence des deux attributs (plaisir et douleur) de la vie, ont embrassé l'ascétisme l'emporte sur tout ici-bas.

24. Celui qui, grâce au croc de l'energie, protège les cinq (sens) est une semence pour le champ meilleur du Ciel.

25. La puissance de celui qui détruit en lui les cinq (passions produites par les sens) a été attestée par Indra lui-même, Roi des vastes régions célestes. (2)

26. Les grands d'entre les hommes font seuls, ce qu'il est difficile de faire (le domptage des sens) ; les faibles en sont incapables.

27. Le monde appartient à celui qui examine et connait la nature des cinq (sensations) qui sont appelés : la saveur, la lumière, l'attouchement, le son et l'odeur.

28. La grandeur des ascètes dont les paroles sont riches de sens est mise en évidence par l'efficacité même des prières récitées en leur honneur.

29. Il est impossible de résister même une seconde, à la colère des réligieux qui se tiennent sur la colline des qualités, (renoncement, vraie connaissance et absence du désir).

30. Ceux qui sont appelés *andanars*, à cause de leur conduite, pleine de vraie compassion pour tout ce qui a vie, ne sont autres que les ascètes.

CHAPITRE IV.

Encouragement à la vertu.

31. Quel plus grand bien à la vie humaine que la vertu? Elle donne la grandeur, elle donne la richesse.

32. Rien qui donne la grandeur comme la vertu. Quel plus grand mal que l'oublier!

33. Que l'on pratique donc la vertu sans cesse, partout et par tous les moyens possibles.

34. Qu'il (celui qui pratique la vertu) devienne sans tâche selon sa conscience! c'est là tout l'effet de la vertu. Le reste n'est que vanité.

35. Reprimander sans répit, les quatre maux: l'envie, la convoitise, la colère et les paroles dures, c'est pratiquer la vertu.

36. Pratiquer la vertu, sans penser qu'il sera temps de la pratiquer au moment de la mort. Lorsque l'âme se détache du corps, son compagnon indestructible est la vertu ainsi pratiquée.

37. Point n'est besoin de faire connaitre le profit de la vertu; on le constate chez celui qui porte le palanquin (chaise à porteur) et chez celui qui y est assis.

38. La vertu pratiquée tous les jours, sans qu'il y en ait un de perdu, est la pierre qui ferme le chemin des naissances futures.

39. Le vrai bonheur vient de la vertu ; tout le reste est douleur et indigne d'éloge.

40. Ce qui peut être fait à autrui est le bien. Ce qui ne peut lui être fait est le mal.

LIVRE PREMIER

TRAITÉ DE LA VERTU.

SECTION I

Grandeur de la vie familiale.

CHAPITRE V.

De la vie familiale.

1. Le chef de famille est le ferme soutien des (hommes des) trois autres classes qui ont renoncé au monde (étudiant, anachorète et ascète) en ce qu'il les aide à persister dans leur bonne voie.

2. Celui qui vit de la vie de famille est le soutien de ceux qui ont renoncé au monde, des miséreux et de ceux qui sollicitent la charité.

3. S'acquitter sans jamais y manquer des cinq devoirs suivants: offrir des oblations aux mânes des ancêtres, faire des sacrifices aux dieux, soigner les hôtes, obliger ses parents et s'occuper de soi-même: telle est la vertu glorieuse du chef de famille.

4. Si le chef de famille mène sa vie, en redoutant la malhonnêteté dans l'acquisition de la richesse et en prenant ses repas, après avoir distribué la richesse ainsi acquise, (aux personnes prédésignées), sa descendance ne déclinera jamais.

5. La vie domestique remplie d'amour et de charité est parfaite et utile.

6. Si la vertu est pratiquée dans la vie familiale, quel avantage y a-t-il d'embrasser une vie différente ?

7. Celui qui remplit les devoirs de la vie familiale est le plus grand de tous ceux qui s'éfforcent de vaincre les sens.

8. Il y a plus de mérite au sein de la famille si l'on aide les religieux et si on pratique soi-même la vertu, que dans la vie ascétique.

9. Qu'appelle-t-on vertu ? La vie familiale. La vie ascétique n'est bonne que si elle n'est pas blâmée par autrui.

10. Celui qui mène la vie familiale, bien qu'il vive sur terre, est considéré comme un des dieux qui habitent le ciel.

CHAPITRE VI

Bienfait de la compagne.

11. Est compagne, l'épouse qui, unit aux bonnes qualités et conduite inhérentes à la vie familiale, le talent de proportionner les dépenses aux revenus de son mari.

12. Si l'épouse n'a pas les qualités et conduite d'une bonne ménagère, la vie familiale quelque prospère qu'elle puisse être, n'est pas heureuse.

13. Si l'épouse est vertueuse, que manque-t-il au mari ? Et si elle ne l'est pas, que reste-t-il au mari ?

14. Quel bien meilleur pour un homme, qu'une épouse, infailliblement chaste ?

15. Que l'épouse qui, sans adorer Dieu, adore seulement son mari, dise à son réveil : "qu'il pleuve ", il pleuvra.

16. Celle qui se garde jalousement, qui prend soin de son mari et qui contribue à leur reputation commune, voilà la femme !

17. A quoi sert la garde des femmes dans le gynécée ? La vigilance gardienne de la chasteté de l'épouse est la meilleure.

18. Les épouses qui honorent leur mari seront fort honorées dans le ciel habité par les Dévas.

19. A ceux dont les épouses ne désirent pas la bonne renommée, fait défaut la démarche haute du lion, devant leurs détracteurs.

20. Avoir une épouse vertueuse est, dit-on, un bien; avoir de bons enfants est l'ornement de ce bien.

CHAPITRE VII.

Procréation des fils.

21. De tous les bonheurs, nous ne connaissons pas de plus grand que celui d'avoir des enfants doués de discernement.

22. Celui qui a des enfants à caractère irréprochable ne sera pas atteint par le malheur, dans ses sept naissances.

23. Les enfants sont dit-on, la richesse du père, parce qu'ils lui transfèrent, par leurs actes, méritoires tous les Biens qu'ils acquièrent.

24. La bouillie préparée par leurs petites mains est plus délicieuse que l'ambroisie.

25. Toucher le corps des enfants fait les délices du corps, entendre leurs paroles fait les délices de l'oreille.

26. Ce sont ceux qui n'ont pas entendu le babillage de leurs enfants qui disent: « la flute est douce « la lyre, est douce. »

27. Le Bien que fait le père à son enfant, c'est de le rendre habile à tenir le premier rang dans l'assemblée (des intellectuels).

28. L'érudition des enfants est plus agréable à tous les autres êtres qu'à soi-même.

29. La joie de la mère qui entend proclamer (par les connaisseurs) le savoir de son enfant est plus grande que celle qu'elle a éprouvée, le jour où elle lui a donné naissance.

30. La reconnaissance de l'enfant envers son père consiste à faire dire: « Par quelles austérités, ce père a-t-il pu obtenir un tel fils ? »

CHAPITRE VIII

L'affection.

31. Y a-t-il une targette pour cacher l'affection? Les douces larmes de ceux qui aiment (en voyant la douleur de l'être chéri) révèlent l'affection intérieure.

32. Tout ce que possèdent ceux qui n'aiment pas leur appartient! chez ceux au contraire, qui aiment, tout appartient au prochain, jusqu'à leurs corps.

33. On dit que l'union de l'âme et du corps est un effet de l'affection.

34. L'affection (envers l'épouse et les enfants) engendre le désir (d'aimer le prochain) et procure la gloire incommensurable de l'amitié.

35. La gloire que l'on acquiert au ciel est, dit-on, l'effet de l'affection que l'on a témoignée dans la vie familiale.

36. Les ignorants soutiennent que l'affection est la compagne seulement de la vertu; elle aide aussi à éviter le péché.

37. De même que le soleil consume les invertébrés, la vertu consume ceux qui n'ont pas d'affection.

38. La vie familiale, quand il n'y a pas d'affection dans le cœur, ressemble aux arbres désséchés du désert qui bourgeonnent.

39. De quelle utilité peuvent être les autres organes extérieurs à ceux qui n'ont pas d'affection dans le cœur ?

40. Le corps où s'épanouit l'affection est vivant, mais le corps sans affection est un squelette recouvert du derme.

CHAPITRE IX.

L'hospitalité.

41. C'est pour bien accueillir les hôtes et leur être utiles, que l'on vit avec son épouse dans la maison familiale et que l'on conserve les Biens.

42. Goûter même le breuvage qui donne l'immortalité, en laissant les hôtes hors la maison est un acte indésirable.

43. Le chef de famille qui, honore tous les jours, les hôtes qui viennent à lui, ne souffre pas de la misère et ne se ruine pas.

44. La déesse (Latchoumi) habite avec plaisir la maison de celui qui accueille et honore avec la mine rejouie, les hôtes dignes.

45. Les champs de celui qui satisfait d'abord les hôtes et ne prend que la nourriture qui reste, ont-ils besoin d'être ensemencés ?

46. Celui qui, après avoir servi les hôtes qui sont arrivés, en attend d'autres pour manger avec eux, devient un hôte honorable pour les habitants du Ciel.

47. Il n'y a pas de mesure pour évaluer le mérite de l'acte hospitalier. Seule l'honorabilité de l'hôte est la mesure du sacrifice.

48. Ceux qui ne pratiquent pas l'hospitalité et ne savent pas gagner le mérite de ce sacrifice, se plaindront un jour d'avoir perdu la richesse qu'ils ont acquise et jalousement conservée.

49. Le malheur de ceux qui possèdent, c'est le sot dédain du devoir de l'hospitalité : et ce malheur est le lot des ignorants.

50. La fleur "Anitsa" se flétrit lorsqu'on la sent. Ainsi le visage des hôtes pâlit, lorsqu'on les regarde d'un regard farouche.

CHAPITRE X.

Douceur de langage.

51. Les paroles douces sont celles des hommes qui abordent affablement et qui pratiquent la vertu de parler sans dissimulation.

52. Il vaut mieux recevoir, le visage souriant et avec des paroles obligeantes, que donner généreusement à quelqu'un (tout ce qu'il lui faut.)

53. La vertu consiste à avoir (lorsque la rencontre se fait) l'air avenant, le regard gracieux, puis à dire du fond du cœur, des paroles agréables.

54. La misère qui engendre les souffrances n'atteint jamais ceux dont les paroles douces rejouissent tout le monde.

55. Respecter, parler avec douceur : voilà la parure de l'homme ; il n'en est pas d'autre.

56. Les péchés diminuent et la vertu augmente chez celui qui, cherchant les mots qui fassent du bien aux autres, parle avec douceur.

57. Les paroles serviables et douces procurent la justice et la vertu.

58. Les paroles douces et à l'abri de toute bassesse, procurent le bonheur en ce monde et dans l'autre.

59. Quel est l'avantage escompté par celui qui voit les douces paroles causer du charme et qui emploie cependant des paroles dures ?

60. Se servir de paroles dures, alors que l'on sait employer des paroles douces, c'est manger des fruits verts, quand on en a de mûrs.

CHAPITRE XI.

Reconnaissance des bienfaits.

61. Le Ciel et la terre ne peuvent être la juste récompense du bienfait (provenant) de celui qui n'en a pas reçu.

62. Un service rendu à propos, quelque minime qu'il soit, est plus grand que l'univers (si on en considère l'opportunité).

63. L'exellence d'un service rendu sans que le prix en ait été pesé, est si on la pèse, plus vaste que l'océan.

64. Le bienfait reçu ne serait-il gros que comme un grain de mil, le considèrent comme aussi gros que le fruit du palmier, ceux qui en connaissent la valeur.

65. La reconnaissance ne doit pas être à la mesure du bienfait reçu mais doit être proportionnée à la dignité de l'obligé.

66. Que l'on n'abandonne pas l'amitié de ceux qui ont secouru dans le temps du malheur ! Que l'on n'oublie pas la qualité secourable des hommes sans péché !

67. On doit se souvenir dans sept fois sept naissances, l'amitié de ceux qui ont guéri ses douleurs.

68. Il n'est pas bon d'oublier un bienfait reçu ; mais il est bon d'oublier aussitôt le contraire d'un bienfait.

69. Le souvenir d'un ancien bienfait efface une injure même mortelle.

70. Il y a rémission pour les immolateurs de toutes les vertus, mais il n'y en a pas pour celui qui immole le bienfait.

CHAPITRE XII.

La droiture.

71. La vertu appelée droiture est la seule bonne. Elle s'acquiert par l'accomplissement des devoirs, sans considération d'ennemis, d'étrangers ou d'amis.

72. La fortune du Juste ne se dissipe pas; elle se transmet intacte à sa postérité.

73. Abandonner sur-le-champ la richesse acquise hors des règles de la Justice, quand bien même elle ne causerait que du bien.

74. Quels sont les Justes et quels sont les hommes injustes ? Ceci est mis en évidence par la présence ou l'absence des bons enfants.

75. La misère et la prospérité sont le lot de tous; mais la gloire du Sage est de ne pas dévier, dans son cœur, des règles de l'équité.

76. Si la volonté de quelqu'un, déviant du chemin de la Justice, pense à commettre l'injustice, qu'il sache que c'est pour son malheur.

77. Le monde ne considère pas comme un mal. la pauvreté de l'homme Juste.

78. Tels que la balance qui d'abord a les plateaux en équilibre et qui pèse ensuite le poids à elle confié, les sages n'inclinent d'aucun côté et c'est là, leur parure.

79. La justice est la droiture du langage: on l'acquiert par la constante stabilité de la volonté dans l'équité.

80. Le commerce prospère aux marchands qui veillent sur le bien d'autrui comme sur le leur.

CHAPITRE XIII.

La Modestie.

81. La modestie conduit à l'habitation des dêvas. La fatuité précipite dans le lieu inhabitable des ténèbres.

82. Il n'y a pas de bien plus précieux à la vie, que la modestie. Qu'on la conserve comme un bien précieux à garder !

83. Quand quelqu'un acquiert la modestie, sachant que celle-ci est l'intelligence même, les grands (de ce monde) s'en aperçoivent et sa modestie lui donne la grandeur.

84. La grandeur de l'homme qui, se maintenant dans la vie familiale, est modeste, est plus imposante que celle de la montagne.

85. La modestie est bonne à tous; mais elle est de plus, une richesse pour les riches.

86. Si quelqu'un a, dans une vie, la puissance de dompter ses cinq sens, comme la tortue, cette puissance sera sa gardienne dans ses sept autres naissances.

87. Ne peut-on maîtriser tous les sens? Que l'on garde au moins sa langue. Sinon, on souffrira tous les malheurs causés par l'intempérance du langage.

88. Si par une seule parole blessante, quelqu'un cause de la peine à un autre, il perd tout le bénéfice de ses autres vertus.

89. L'ulcère de la brûlure du feu guérit radicalement mais la plaie d'une brûlure de la langue ne guérit pas.

90. Voici un homme qui contient sa colère et est versé dans les arts et les sciences. La vertu guette le moment d'entrer dans son cœur.

CHAPITRE XIV.

La Moralité.

91. Puisque la moralité honore tous les hommes, il faut la conserver de préférence à la vie.

92. Examinez, cherchez à connaître, en contenant votre volonté, vous decouvrirez à la fin que la moralité est votre seule compagne (pour le ciel). Donc, gardez la, même au prix des souffrances.

93. La moralité dénote l'homme de race; l'immoralité place l'homme dans la classe inférieure.

94. Le brhame, s'il oublie les vêdas, peut les réétudier, mais s'il manque à la moralité, il perd sa caste.

95. Pas d'enrichissement pour l'envieux: de même pas d'élévation pour l'homme sans mœurs.

96. Ceux qui, sachant que dévier des bonnes mœurs crée le péché, ne s'écartent pas de la bonne conduite, sont ceux qui ont la force de la volonté.

97. Par les bonnes mœurs, on obtient l'honneur; c'est l'ignominie qui attend ceux qui s'en écartent.

98. Les bonnes mœurs sont les semences de la vertu, les mauvaises causent toujours la douleur.

99. Même quand ils s'oublient, il est impossible aux gens de bonnes mœurs de proférer des paroles blessantes.

100. Ceux qui ne savent pas conformer leur conduite au monde, sont des ignorants, bien qu'ils aient beaucoup appris.

CHAPITRE XV.

Ne pas convoiter la femme d'autrui.

101. L'homme qui a étudié les traités de la vertu et de la richesse ne commet pas la sottise de convoiter la femme, qui est le Bien du prochain.

102. Parmi tous les pécheurs, il n'y a pas de plus sot que celui qui poussé par l'amour, se tient près de la porte du voisin.

103. Celui qui désire pécher avec la femme d'un homme qui est convaincu de son innocence, ne se distingue guère du cadavre.

104. Celui qui se rend, sans la moindre réflexion, chez la femme du prochain se perd, de quelque haute reputation, qu'il jouisse.

105. Celui qui fréquente la femme du prochain, parce qu'il en trouve l'accès facile, se rend coupable d'une faute irrémissible.

106. La haine, le péché, la peur et la honte, tous les quatre sont inséparables du violateur du (foyer) conjugal.

107. Celui qui ne convoite pas la femme d'autrui est le père de famille vertueux.

108. Avoir la virilité de ne jamais désirer la femme d'autrui c'est la vertu des Sages et leur parfaite moralité.

109. Qui mérite d'avoir tous les Biens de cette terre environnée de l'effroyable océan ? C'est celui qui n'enlace pas les bras de la femme d'autrui.

110. Qu'on commette même des péchés, au lieu de pratiquer la vertu ! Il est bon qu'on ne désire pas la femme d'autrui.

CHAPITRE XVI.

Supporter les injures.

111. Ainsi que la terre supporte ceux qui la fouillent, supporter ceux qui vous offensent est la première des vertus.

112. Il est bien de supporter toujours l'injure, mieux de l'oublier.

113. Refuser l'hospitalité est la misère des misères souffrir le mal fait par ignorance est la force des forces.

114. Qui désire la perfection, garde et conserve sa patience.

115. On n'estime pas ceux qui vengent les injures mais on honore dans son cœur et sans cesse comme de l'or, ceux qui les supportent.

116. La vengeance est le plaisir d'un jour; la gloire acquise par le pardon des offenses dure jusqu'à la fin du monde.

117. Il vaut mieux supporter une cruelle injure que faire à l'offenseur le contraire de la vertu.

118. Il faut vaincre par la digne patience, ceux qui offensent par orgueil.

119. Ceux qui supportent les paroles méprisables de ceux qui marchent hors la voie du bien ont la pureté du coeur, comme ceux qui ont renoncé au monde.

120. Ceux qui se mortifient par le jeûne et supportent leur maladie sont grands incontestablement ; mais ils ne viennent qu'après ceux qui supportent les paroles méprisables des autres.

CHAPITRE XVII.

Ne pas envier.

121. Que l'on considère l'absence de l'envie comme le chemin de la moralité.

122. L'absence de l'envie envers qui que ce soit, est de tous les Biens supérieurs, celui qui n'a pas d'égal.

123. Celui qui envie le bonheur d'autrui sans s'en réjouir, ne désire pas, dit-on, la vertu (pour le ciel) et la richesse (pour ici-bas).

124. Sachant la douleur causée par l'envie (au ciel comme sur la terre) que l'on s'abstienne de faire, par envie, les actes contraires à la vertu.

125. La nature de l'envie est de causer le mal sans la participation des ennemis ; l'envie à elle seule suffit donc pour (consommer la ruine de) l'envieux.

126. La parenté de celui qui envie ce qui est donné à autrui, périra, faute de nourriture et de vêtement.

127. La déesse (de la Fortuné) envie les envieux, les indique à sa sœur aînée (déesse de la Misère) et se sépare d'eux.

128. Le Vice sans égal appelé envie ruine la fortune de celui qui l'a et le précipite dans l'enfer.

129. La prospérité de l'envieux et la misère du généreux sont matière à étonnement.

130. Il n'y pas d'envieux qui aient prospéré, il n'y a pas non plus de généreux qui se soient ruinés.

CHAPITRE XVIII.

Ne pas convoitier.

131. Convoiter le bien d'autrui, sans penser que l'on abandonne la voie de la vertu, ruine la famille et fait commettre bien des péchés.

132. Celui qui craint le péché ne se livre pas à des actes méprisables, par la seule considération du profit.

133. Qui aspire au bonheur céleste ne commet pas des actes non vertueux, dans le désir de la faible satisfaction procurée par le vol.

134. Les innocents qui sont assez intelligents pour vaincre les sens, ne convoitent pas le bien d'autrui, parce qu'ils sont pauvres.

135. Aquoi sert la vaste connaissance acquise, grâce à une fine intelligence dans les savants ouvrages, si par esprit de cupidité, on se livre envers tout le monde, à des actes condamnés par cette connaissance ?

136. Qui aspire à la Grâce et vit dans la famille sera ruiné, si convoitant le bien d'autrui, il cède à de mauvaises pensées,

137. Ne désire pas la richesse amassée avec cupidité, ses fruits ne sont pas bons, quand on en jouit.

138. La cause qui empêche la richesse de s'amoindrir c'est, quand ou l'examine, ne pas convoiter l'objet désiré par le prochain.

139. La déesse (de la Fortune) juge digne de ses dons, celui qui a assez d'intelligence pour ne pas convoiter, et habite sa maison.

140. La convoitise (dont on ne pèse pas les conséquences) cause la ruine ; l'absence de convoitise qui est une richesse, donne le succès.

CHAPITRE XIX.

Ne pas calomnier.

141. Il est doux à celui qui ne pratique pas la vertu et qui commet même des péchés; de s'entendre dire : " ce n'est pas un calomniateur ".

142. Il est certes mauvais de dire du mal de la vertu et même de commettre des péchés ; il est pire de calomnier quelqu'un, en son absence et de lui témoigner une fausse joie, en sa présence.

143. Plutôt mourir que calomnier quelqu'un en son absence et le louer en sa présence. Une telle mort lui procurera les mérites dont parlent les traités de la morale.

144. Parle à quelqu'un, en fixant ses yeux et sans ménagement, mais garde-toi d'en dire du mal, en son absense.

145. Bien que le calomniateur céièbre la vertu, son penchant à la calomnie révèle qu'il ne parle pas sincèrement.

146. Parmi les défauts de celui qui calomnie, les plus honteux seront découverts et divulgués.

147. Ceux qui ne savent pas, par des paroles captivantes, se faire des amis, calomnient même les parents et les forcent à se séparer d'eux.

148. Que ne feront-ils aux étrangers ceux qui publient malicieusement les torts des proches?

149. La terre supporte par charité, le fardeau de l'homme qui guette le départ de quelqu'un pour le calomnier.

150. Y a-t-il douleur pour celui qui reconnait ses torts, de la même manière qu'il découvre ceux du prochain?

CHAPITRE XX.

Ne pas proférer de vaines paroles.

151. Celui qui indispose plusieurs par des paroles inutiles, est méprisé de tous.

152. Tenir devant plusieurs, des discours dont on ne peut tirer profit, est pire que se livrer à des actes indésirables vis-à-vis des amis.

153. Devélopper des sujets dont on ne peut tirer profit, indique que l'orateur n'a pas la notion de la justice.

154. Les paroles inutiles font disparaître les bonnes qualités de l'orateur.

155. Même les hommes de qualité perdent leur grandeur et leur célébrité, par de vains propos.

156. N'appelle pas homme celui qui repète d'inutiles discours; appelle-le "grain sans substance" de l'humanité.

157. Que le Sage tienne même des propos qui ne sont pas justes. Il est bon qu'il ne dise pas d'inutiles paroles.

158. Les savants qui ont la capacité d'étudier les matières d'une rare utilité, n'emploient pas de mots qui ne soient pas d'une utilité effective.

159. Les sages innocents ne profèrent pas des paroles inutiles, même par oubli.

160. Que l'on tienne des discours utiles et que l'on s'abstienne de vains propos.

CHAPITRE XXI.

Crainté du mal.

161. Les purs de cœur redoutent le vertige du mal, il n'en va pas ainsi des pécheurs.

162. Les mauvaises actions engendrent la souffrance, elles sont à redouter plus que le feu.

163. Ne pas rendre le mal pour le mal est, dit-on, la première des sagesses.

164. Ne pense pas, au moins par oubli, à l'acte qui cause le malheur de ton prochain. Sinon, le dieu de la Justice pensera au moyen de causer ton malheur.

165. Ne fais pas le mal parce que tu es pauvre ; si tu le fais, tu deviendras plus pauvre encore.

166. Ne fais pas à autrui, le mal dont tu ne désires pas souffrir toi-même.

167. On échappe à toute haine (quelque féroce qu'elle soit) mais celle causée par le mal (qu'on a fait) poursuit le coupable et le tue.

168. Le mal que l'on a fait suit le coupable, ainsi que l'ombre suit l'homme, partout sans jamais le quitter.

169. Si l'on s'aime soi-même, il faut s'abstenir de ce qui peut participer du mal.

170. Si, au lieu de s'engager dans la bonne voie, quelqu'un ne fait que du mal, sache qu'il est un professionnel du mal.

CHAPITRE XXII.

Savoir pratiquer la bienfaisance.

171. De même qu'aux nuages qui versent la pluie, le monde ne fait rien en retour, de même les bienfaits n'exigent pas de réciprocité.

172. Créée par le travail, la richesse de celui qui en est digne, lui est dounée pour faire la charité.

173. Au Ciel comme sur la terre, il est difficile de faire une meilleure œuvre que d'obliger (son prochain.)

174. Celui qui sait ce qu'il faut faire de convenable est un homme vivant, tout autre est rangé parmi les morts.

175. La richesse du grand Sage qui désire se conformer et se conforme aux us et coutumes du monde, ressemble à la pièce d'eau du village qui est rempli jusqu'aux bords.

176. Si l'opulence échoit à un homme charitable elle ressemble à l'arbre utile situé au milieu du village et chargé de fruits mûrs.

177. Se trouve-t-elle entre les mains d'un homme de grande générosité, la richesse est pareille à l'arbre, dont toutes les parties servent de médicaments.

178. Celui-là a le sentiment éclairé du devoir qui ne se lasse pas de faire la charité, même quand ses ressources ont diminué.

179. Devenir pauvre pour l'homme généreux c'est regretter l'impossibilité où il est de ne pouvoir faire des libéralités.

180. Si la charité peut entraîner la perte de la richesse, elle vaut qu'on l'achète, en se vendant soi-même.

CHAPITRE XXIII.

La charité.

181. Donner aux pauvres, c'est faire la charité; il est de la nature de tous les autres dons de n'être faits qu'en vue d'un profit, que l'on en attend dans la suite.

182. Mendier est mauvais, bien qu'il y en ait qui prétendent qu'il conduit à la bonne voie dans ce monde. Donner est bien, bien qu'il y en ait qui prétendent qu'il ne fait pas obtenir le paradis.

183. Ne pas proférer les paroles déshonorantes. "Je n'ai rien" et donner à ceux qui les ont dites : tous les deux actes ne se rencontrent que chez l'homme de bonne famille.

184. Avoir pitié, ne cause pas la joie jusqu'au moment où l'on voit le visage épanoui du pauvre qui a obtenu (l'aumône).

185. Le mérite des hommes fermes à souffrir la faim, ne vient qu'après le mérite de celui qui apaise la faim d'autrui.

186. Apaiser la faim déchirante des pauvres, est le moyen de mettre sa propre richesse en sécurité.

187. La cruelle maladie appelée faim n'afflige pas celui qui est accoutumé à partager ses repas, avec les hôtes.

188. Ce sont ceux qui sont dépourvus de la grâce qui thésaurisent et perdent ensuite leur fortune. Ils ne connaissent donc pas le bonheur éprouvé par ceux qui donnent ?

189. Manger solitaire afin de remplir (son trésor) cause une douleur plus aigüe que mendier.

190. Il n'y a rien de plus cruel que mourir. Il vaut mieux mourir qu'être impuissant à donner.

CHAPITRE XXIV.

La gloire.

191. Donnez ! Vivez avec gloire ! Il n'y a pas de profit plus grand à l'homme que celui-là.

192. De tous les éloges qu'on décerne, seul reste permanent, celui qui est fait de quelqu'un qui donne (aux pauvres).

193. Il n'y a en ce monde rien qui puisse égaler la grande gloire de quelqu'un. Tout le reste est détruit ici-bas.

194. Si quelqu'un acquiert ici-bas une gloire indestructible, le monde des dévas ne célèbrera pas les bienheureux qui s'y trouvent.

195. Seuls, les Sages peuvent accroître leur gloire et la rendre immortelle.

196. Si l'on nait, il faut naître avec les qualités propres à acquerir la gloire. Si non, il vaut mieux ne pas naître.

197. Ceux qui ne vivent pas avec gloire ne se plaignent pas d'eux-mêmes. Pourquoi se plaignent-ils de ceux qui les méprisent ?

198. C'est une honte, dit-on, pour tous homme que de ne pas acquérir la réputation.

199. Le champ qui supporte un corps sans gloire produit une moisson dérisoire.

200. Ceux-là vivent, qui vivent sans honte ; ceux-là ne vivent pas, qui vivent sans réputation.

SECTION II

Du renoncement au monde.

A. DISCIPLINE.

CHAPITRE XXV.

La miséricorde.

201. Richesse de miséricorde est richesse d'entre les richesses. Richesse de Biens se trouve même chez les hommes vils.

202. Suivez la bonne méthode pour examiner, considérez toutes choses et devenez miséricordieux. L'investigation des divers systèmes religieux indique la miséricorde comme le seul compagnon (de cette vie),

203. Ceux qui ont le cœur miséricordieux n'entrent pas dans le monde des souffrances et des ténèbres.

204. Ceux qui compatissent aux êtres animés et les protègent ne courent pas de danger qui les fassent craindre pour leur vie.

205. Pour ceux qui sont miséricordieux, aucune douleur n'existe : témoins ceux qui vivent sur cette grande étendue de terre fertile, entourée d'air.

206. Ceux qui dénués de miséricorde commettent des actes non miséricordieux, sont disent les gens de Bien, ceux qui n'ont pas recherché la vertu (dans les vies précedentes) et ont oublié leurs souffrances.

207. Pour qui n'a pas de Biens, le plaisir de ce monde n'existe pas; de même pour qui n'a pas de miséricorde, le bonheur de l'autre monde n'existe pas.

208. Qui est dépourvu de Biens, fleurira un jour. Qui est dépourvu de miséricorde est perdu pour toujours et sans rémission.

209. Examinez la vertu pratiquée par un homme sans miséricorde; elle est pareille, à la découverte que fait un homme sans intelligence, du Vrai Etre.

210. Toi qui t'élances contre un plus faible, considère ta situation, lorsqu'un plus fort se jette sur toi.

CHAPITRE XXVI.

Abstinence de chair.

211. Comment celui qui mange la chair d'un autre être animé, pour engraisser la sienne, peut-il se laisser gagner par la miséricorde ?

212. Les bienfaits de la richesse n'existent pas pour ceux qui ne la cultivent pas; ainsi que les bienfaits de la miséricorde n'existent pas pour ceux qui mangent la chair.

213. Le cœur de celui qui mange avec goût la chair d'un autre être animé ne se tourne pas vers la miséricorde, tout comme le cœur de celui qui a en main une arme meurtrière.

214. Qu'est ce que la miséricorde ? c'est ne pas tuer. Qu'est ce qui n'est pas miséricorde ? C'est tuer. Donc, manger la chair qui provient du meurtre n'est pas vertueux.

215. La vie des êtres dépend donc de la vertu, appelée abstinence de la chair. Si quelqu'un en mange, l'enfer (qui l'a devoré), n'ouvrira plus la bouche pour le vomir.

216. Si le monde ne tue pas pour manger la chair, il n'y aura personne qui en vende, pour en toucher le prix.

217. La viande est la plaie d'un autre être. Ceux qui en connaissent l'impureté doivent s'en abstenir.

218. Les sages qui se sont délivrés de l'Illusion et de l'Ignorance ne mangent pas la viande, d'où s'est échappée la vie d'un être.

219. Ne pas manger la chair d'un être dont on a enlevé la vie vaut mieux que faire mille sacrifices en répandant du beurre clarifié sur le feu.

220. Tout être animé vénère, les mains jointes, celui qui ne tue pas et qui a renoncé à la chair.

CHAPITRE XXVII.

La pénitence.

221. Le propre de la pénitence, c'est de supporter ses propres douleurs et de ne pas faire souffrir un autre être doué de vie.

222. La pénitence profite à ceux qui l'ont faite (dans les existenses antérieures) et ne réside réellement qu'en eux ; l'entreprendre pour la première fois, est un effort inutile.

223. Les autres (qui mènent la vie familiale), dans le désir de donner à ceux qui ont renoncé au monde : nourriture, médicaments et hospitalité, semblent avoir oublié de faire eux-mêmes pénitence !

224. Si les pénitents désirent ruiner leurs ennemis et enrichir leurs amis, ils réalisent leur désir, par la puissance de leur pénitence.

225. Parce que, si l'on s'y efforce, l'on obtient tous les mérites que l'on désire pour l'autre monde, on doit s'efforcer de faire pénitence, dans ce monde même.

226. Ceux qui font pénitence font leur devoir; les autres se laissent prendre dans le piège des désirs et font leur propre malheur.

227. Plus la flamme du feu est violente, plus brillant devient l'éclat de l'or qui y est fondu. De même, plus aigües sont les souffrances causées par les austérités, plus brillante devient la sagesse des pénitents.

228. Tous les autres êtres vénèrent celui qui a réussi à faire de sa vie, son propre bien, grâce à sa pénitence.

229. Celui qui excelle dans la puissance, qui provient de la pénitence peut même réussir à triompher de Yaman (dieu de la mort).

230. La cause de l'augmentation du nombre des nécéssiteux est le petit nombre de ceux qui font pénitence et le grand nombre des non-pénitents.

CHAPITRE XXVIII.

De la conduite qu'on de doit pas tenir.

231. Les cinq sens se rient interieurement de la feinte moralité de l'hypocrite.

232. De quelle utilité est l'apparence de penitent sublime comme le ciel, à celui qui conscient de ses péchés, y persiste ?

233. Sans avoir le pouvoir de maitriser sa volonté, celui qui adopte l'apparence des pénitents (qui ont ce pouvoir) ressemble à la vache qui broute les cultures, recouverte d'une peau de tigre (pour n'être pas chassée par les cultivateurs).

234. Commettre les actes non péniteuts, sous le masque de l'habit du pénitent est pareil à l'agissement de l'oiseleur qui prend les oiseaux, caché dans les brouissailles.

235. La conduite cachée de ceux qui crient : « Nous sommes détachés de ce monde » leur cause maintes douleurs, de nature à leur faire crier : " Qu'avons-nous fait ? Qu'avons nous fait ? "

236. Il n'y a pas de plus durs de coeur que ceux qui n'ont pas renoncé dans leur for intérieur et qui vivent, à l'instar des pénitents, en trompant les hommes charitables.

237. Le monde a des hommes qui, ont un brillant dehors, comme la graine à reglisse, mais dont le cœur est noir comme le bec de la graine à reglisse.

238. Nombreux sont ceux qui ont le coeur impur mais qui lavent seulement leur corps; comme ceux qui ont acquis la réputation de pénitents et qui vivent sous un faux dehors.

239. La flèche est cruelle (bien que droite), le luth est doux bien que courbe. Il faut donc juger les pénitents d'après leurs œuvres.

240. Il n'est pas nécessaire d'avoir la tête rasée ou de laisser croitre les cheveux. si l'on s'abstient de ce que le monde condamne.

CHAPITRE XXIX.

Ne pas Voler.

241. Que celui qui est considéré de tous, comme désirant son salut et non comme le méprisant garde son cœur contre toute appropriation frauduleuse d'un objet quelconque!

242. Penser au péché est un péché. Que l'on ne pense donc pas à s'approprier frauduleusement la propriété d'autrui.

243. La fortune acquise par le vol semble prospérer, mais elle dépasse les limites et périt.

244. Le désir éffréné du vol a pour effet de causer de cuisantes douleurs.

245. Le désir d'aimer le prochain, parce qu'on connaît le prix de la miséricorde, ne germe pas dans le cœur de Ceux qui convoitent le bien d'autrui et épient son défaut de vigilance.

246. Ceux qui ont l'amour immodéré du vol n'ont pas le sens de la mesure et ne se conduisent pas en conséquence.

247. Ne se recontre pas chez ceux qui ont le sens de la mesure, l'ignorance crasse appelée vol.

248. La fourberie a sa demeure fixe dans la cœur des professionnels du vol., comme la vertu a la sienne, dans le cœur de ceux qui ont le sens de la mesure.

249. Ceux qui ne connaissent pas autre chose que le vol périssent instantanément, avec leurs mauvaises pensées démesurées.

250. Le corps des habituels du vol périt; le monde des dieux ne manque pas à ceux qui ne volent pas.

CHAPITRE XXX.

La Véracité.

251. Qu'est ce que la véracité? C'est proférer des paroles qui ne puissent causer aucun mal.

252. S'il a pour effet de causer du bien sans le moindre mal, le vaut mensonge la vertu.

253. Ne dites jamais un mensonge que votre conscience sait être un mensonge, car lorsque vous avez menti, votre conscience se constitue témoin de votre mensonge et vous fait souffrir.

254. Celui qui se conduit sans mentir selon sa conscience, vit dans le cœur de tous les hommes.

255. Celui qui dit la vérité selon sa conscience est le premier d'entre ceux qui joignent la charité à la pénitence.

256. Il n'y a pas de gloire égale à ne pas mentir. Ceci donne toutes les vertus, sans qu'on ait besoin de mortifier le corps.

257. Si l'on a la maîtrise de ne pas mentir, de ne pas mentir, il est bon de ne pas pratiquer, de ne pas pratiquer les autres vertus.

258. La purete du corps s'obtient par l'eau, la pureté du cœur se forme par la véracité.

259. Toute lumière qui chasse l'obscurité n'est pas lumière ; pour les vertueux, est la seule lumière, la vérité qui jugule l'obscurité du coeur.

260. D'après mes investigations personnelles, il n'y a rien de plus grand que la vérité.

CHABITRE XXXI.

Ne pas s'emporter.

261. Se garder de la colère, là où elle peut produire effet est méritoire. Qu'importe de prendre ou de perdre patience, là où la colère doit échouer ?

262. Là où la colère doit échouer (contre les puissants), s'emporter c'est se faire du mal; là où elle peut produire effet (contre les faibles), il n'est pas de mal pire que la colère.

263. Qu'on oublie de s'emporter contre qui que ce soit, parce que tous les maux viennent de la colère.

264. Y a-t-il un ennemi autre que la colère qui tue le sourire et l'épanouissements du cœur?.

265. Si vous voulez vous préserver des maux, préservez-vous de la colère, sinon la colère vous tuera vous mêmes.

266. Le feu tue ceux qui l'approchent; la colère vous détruit ainsi que votre entourage.

267. Celui qui frappe violemment la terre de sa main, ne peut retirer celle-ci indemne de douleur; de même, celui qui cultive la colère comme une qualité est assuré de sa destruction.

268. Quelqu'un vous fait-il du mal, comme la violente flamme d'un grand feu qui brûle? Pouvoir ne pas s'emporter contre lui est bon.

269. Le pénitent dont le cœur s'abstient de la colère, obtient de suite tout ce qu'il désire.

270. Celui qui est prompt à se mettre en colère ressemble à un cadavre; celui qui a repudié la colère, est égal à celui qui a vaincu la mort.

CHAPITRE XXXII.

Ne pas faire de mal.

271. Certes, on peut acquérir la richesse qui procure les honneurs en faisant du mal au prochain. Ne jamais faire de mal au prochain est la qualité des hommes sans tâche.

272. Ne pas faire de mal en retour, à ceux qui en ont fait par haine, est la qualité des hommes sans péché.

273 Répondre par le mal aux ennemis qui vous ont voué la haine bien que vous ne leur ayez fait aucun mal, amène inévitablement la douleur.

274. Confondre ceux qui vous ont fait du mal, en leur faisant du bien, c'est les punir.

275. Quelle est l'utilité de l'intelligence, si l'on ne considère pas le malheur d'autrui comme le sien et si on le répare pas ?

276. Ne pas faire à autrui ce que l'on sait être le mal est digne des accètes.

277. Ne faire en aucun temps, à qui que ce soit et si peu que ce spit, volontairement le mal est une vertu capitale.

278. Pourquoi donc faire aux autres ce que, par expérience, l'on sait susceptible de faire du mal à sa propre vie ?

279. Si vous faites du mal aux autres le matin, le malheur vous atteindra de lui-même le soir.

280. Le mal retombe sur celui qui le fait. Si vous désirez vous garer du mal, ne le faites pas vous même.

CHAPITRE XXXIII.

Ne pas tuer.

281. Qu'est ce que l'acte vertueux ? C'est ne pas tuer ; tuer engendre tous les péchés.

282. Partager la nourriture entre tous les êtres, se nourrir soi-même, conserver aussi tout ce qui a vie, c'est la prinicipale des vertus indiquées par tous les moralistes.

283. Ne pas tuer est bon par lui-même ; ne pas mentir n'est bon que pour venir ensuite.

284. Quel est le meilleur chemin (pour aller au ciel) ? Cest celui que l'on suit en ne tuant quelque être que ce soit.

285. Le plus élevé de tous ceux qui ont renoncé au monde, par crainte d'une autre vie, est incontestablement celui qui n'oublie pas la vertu de ne pas tuer, par horreur du meurtre.

286. Yaman (dieu de la mort) qui dévore toutes les vies n'a pas de pouvoir sur les jours de celui qui observe la vettu de ne pas tuer.

287. Ne jamais commettre le crime de ravir la vie précieuse d'un autre être, même si cela doit coûter sa propre vie.

288. Le profit (spirituel) provenant de l'immolation d'une victime dans un sacrifice est grand et a été recommandé à ceux qui mènent la vie familiale ; cependant les Sages pénitents méprisent le profit provenant d'un meurtre.

289. Ceux qui font métier de tuer sont aux yeux de ceux qui en connaissent la vileté, de vils professionnels.

290. Ceux qui connaissent les conséquences des actes humains disent que ceux dont le corps est couvert d'ulcères et qui vivent misérablement de vils métiers, sont ceux qui ont arraché, dans le passé, la vie des êtres.

B. DE LA SAGESSE.

CHAPITRE XXXIV.

De l'instabilité.

291. C'est la dernière des sottises, que de croire que ce qui est instable est stable.

292. La grande opulence vient, comme vient nombreuse la foule pour assister à une représentation théâtrale; elle s'en va comme la foule qui se dissipe, quand la représentation a pris fin

293 L'opulence est, de sa nature, instable. L'obtient-t-on ? Il faut s'empresser de faire de suite, les actes de charité qui s'accomplissent par son moyen.

294. Le temps a l'apparence d'être mesuré par le jour. En réalité, pour ceux qui le connaissent, il est une scie, dont les dents coupent continuellement la vie.

295. Les bonnes œuvres, sont à être faites en hâte, avant que la langue soit paralysée et que le hoquet survienne.

296. Ce monde est instable, tel que le font ressortir ces paroles: "il fut hier, il n'est plus aujourd'hui"

297. On ne sait pas si on vivra au moins un jour, on forme des projets, plus nombreux que dix millions.

298. L'oisillon parvenu à maturité abandonne l'œuf dont il est sorti et s'envole : telle est l'amitié de l'âme pour le corps.

299. La mort ressemble au sommeil. La naissance ressemble au réveil.

300. La vie n'a pas de gîte permanent dans le corps, habité par toutes les maladies; elle ne l'habite qu'à titre de locataire.

CHAPITRE XXXV.

De renoncement.

301. Si l'on renonce à un objet quelconque, celui-ci ne cause aucune douleur au renonçant.

302. Nombreuses sont les délices qu'obtient naturellement dans cette existence, celui qui renonce à tout. Si on les désire, il faut renoncer au monde.

303. Il faut abolir les sensations que l'on perçoit par les cinq sens et abandonner radicalement tous les objets que l'on a amassés, en vue de jouir des cinq sens.

304. Ne rien posséder est la loi de la pénitence. Posséder un seul objet détruit la pénitence et ramène le vertige.

305 A celui qui s'éfforce d'éviter la renaissance, le corps est de trop. Qu'adviendra-t-il, s'il désire encore d'autres biens ?

306. Celui qui déracine l'orgueil de dire : "*Mòi, le mien.*" entre dans la région céleste, supérieure au séjour des dieux.

307. Les douleurs s'attachent à celui qui est rivé à ses attachements et ne le quittent pas.

308. Ceux qui renoncent définitivement à tout obtiennent leur salut. Les autres sont gagnés par le vertige et sont pris dans le filet (de la renaissance).

309. Le renoncement détruit instantanément la renaissance; tout autre moyen se heurte à l'instabilité.

310. Pour renoncer à tout attachement, il faut suivre la voie du salut, tracée par Celui qui a vaincu l'attachement et s'y tenir fermement.

CHAPITRE XXXVI.

Perception du vrai.

311. L'illusion qui fait prendre la chimère pour la réalité, engendre la naissance sans gloire.

312. La délivrance de l'illusion, jointe à la vision sereine, fait éviter l'enfer et procure le salut.

313. Le ciel est plus prêt d'être gagné que la terre, par celui qui passe du doute à la connaissance du Vrai.

314. Celui qui ne connaît pas le Vrai ne profite pas de la maîtrise des cinq sens.

315. Connaître, c'est percevoir le Vrai dans chaque chose, quelle qu'elle soit et de quelque nature qu'elle soit.

316. Celui qui acquiert en ce monde, ia connaissance du Vrai par l'instruction, obtient le moyen de ne pas y renaître.

317. Ne croyez pas à la renaissance de celui dont l'esprit s'est recueilli et qui par, méditation et examen, a connu l'Etre qui existe.

318. La vraie connaissance consiste à percevoir l'Etre pur, cause du ciel et à détruire l'ignorance, cause de la renaissance.

319. Les douleurs inhérentes à l'homme sont détruites et n'atteindront plus à nouveau, celui qui perçoit le Refuge de toutes créatures et vit libre de tout attachement.

320. Que les trois (vices): désir, colère et illusion soient détruits; leurs conséquences néfastes disparaissent.

CHAPITRE XXXVII.

De l'évulsion du désir.

321. La cause génératrice de la naissance, pour tous les êtres, en tous les temps, est le désir.

322. S'il faut faire un souhait, souhaitons la non-renaissance. Celle-ci est assurée par l'évulsion du désir.

323. Il n'y a pas, de richesse, supérieure en ce monde à l'absence du désir, ni égale en l'autre monde.

324. La pureté est l'absence du désir: celle-ci s'obtient par le culte du Vrai.

325. Ceux que l'on appelle libérés de la renaissance sont ceux qui sont libérés du désir; les autres renaîtront.

326. C'est le désir qui abuse un chacun; fuir le désir est la vertu.

327. A celui qui extirpe ses désirs, le salut vient par la voie qu'il désire.

328. Nulle douleur pour celui qui n'a pas de désir ; au contraire, les souffrances s'accumulent sans fin, sur la tête de celui qui a ledésir.

329. Celui qui extirpe le désir, qui est la douleur des douleurs, jouit du bonheur perpétuel, même ici-bas.

330. Abandonner le désir qui, de sa nature, est insatiable, confère sur le champ, l'état inchangeable (la perfection).

FIN DU RENONCEMENT AU MONDE.

CHAPITRE XXXVIII.

De la destinée.

331. La Destinée, productrice de la fortune fait naitre l'effort; la Destinée destructrice de la fortune fait naitre la paresse.

332. La Destinée productrice de la fortune enrichit l'intelligence, celle qui est destructive de la fortune affaiblit l'intelligence.

333. On a beau étudier tout ce qu'il y a d'excellent dans les ouvrages, c'est l'esprit dont on est doué par la Destinée, qui finit par prévaloir.

334. La nature de la Destinée est double en ce monde : autre chose est d'être riche; autre chose est d'être intelligent.

335. Pour donner la richesse, (la Destinée) transforme tout bien en mal et tout mal en bien.

336. Ce que tu conserves avec le plus de soin s'en va, si la Destinée ne t'en attribue pas la propriété. Ce qui t'est réservé par la Destinée te reste, même s'il est jeté dehors.

337. Tu as beau amasser un krore, tu ne peux en jouir, si le Dispensateur ne t'en a pas donné les moyens.

338. La pensée de renoncer naît chez les pauvres, si la Destinée leur épargne leur part des douleurs.

339. Pourquoi celui qui trouve bons, les plaisirs conférés par la Destinée, trouve-t-il insupportables, les douleurs causées par elle ?

340. Qu'y a-t-il de plus puissant que la Destinée ? Elle devance tout plan médité (pour la vaincre).

FIN DU TRAITÉ DE LA VERTU.

LIVRE DEUXIEME.

TRAITE DES BIENS.

SECTION I.

Du Roi.

CHAPITRE XXXIX.

Des qualités du roi.

341. C'est un lion parmi les Rois, que celui qui est doté des six choses suivantes : armée, territoire peuplé, richesse, ministre, alliance et fortresse.

342. Voici les quatre qualités naturelles du Roi : vaillance, libéralité, sagesse et énergie.

343. Trois vertus sont inhérentes à ceux qui gouvernent la terre: l'activité, l'instruction et la décision.

344. Ne pas faillir à la vertu, abolir ce qui n'est pas vertueux, garder l'honneur en ne manquant jamais aux lois de la bravoure : voilà le propre du Roi.

345. Celui qui a le pouvoir de développer les moyens des revenus, de les thésauriser, de les préserver et de les dépenser dignement est le Roi.

346. Si le roi est d'un abord facile et s'il n'use pas de paroles dures, son royaume sera considéré parmi tous les autres.

347. Si le Roi a le pouvoir de donner avec des paroles gracieuses et de protéger (ses sujets), ce monde est rempli de sa gloire et il obtient tous les Biens qu'il souhaite.

348. Le Roi qui, en leur rendant la justice, protège (ses sujets) est considéré comme Dieu par les hommes.

349. Le monde restera (d'une façon permanente) sous l'ombrelle du Roi, qui a la force de supporter les paroles (de son ministre) qui blessent les oreilles.

350. Le Roi qui a ces quatre qualités: faire des libéralités, accueillir avec grâce, appliquer équitablement les lois et recouvrer l'impôt suivant la capacité contributive du contribuable, est une lumière parmi les Rois.

CHAPITRE XL.

De l'Instruction.

351. Etudiez (les ouvrages). Etudiez-les de manière à détruire les doutes injustes. Après les avoir étudiés, conformez votre conduite à leur doctrine.

352. Ce qu'on appelle nombre et lettre: tous les deux sont les yeux du genre humain.

353. Ceux que l'on dit avoir des yeux, sont les hommes instruits; ceux qui ne sont pas instruits ont deux plaies au visage.

354. La conduite des hommes instruits a le don de rejouir tous ceux qui les approchent et d'attrister tous ceux qui prennent congé d'eux.

355. Les hommes instruits se tiennent devant les possédants comme des pauvres, dans la même attitude humble (qu'ils ont eue devant leur Maître) tandis que ceux qui ne sont pas instruits (parce qu'ils ont eu honte d'observer une telle attitude) sont les derniers des hommes.

356. La source jaillit dans le sable dans la mesure, où celui-ci est creusé; la connaissance jaillit chez les hommes, dans la mesure où ils ont étudié.

357. Pour l'hommes instruit, un pays quelconque est le sien; une ville quelconque est la sienne. Pourquoi donc ne pas s'instruire jusqu'à la mort ?

358. L'instruction reçue dans une existence a l'avantage de servir à l'homme pendant ses sept naissances.

359. Les hommes instruits se délectent à l'étude et constatent que le monde s'y délecte également: aussi désirent-ils s'instruire davantage.

360. La richesse glorieuse et impérissable d'un homme est l'instruction ; tous les autres Biens ne sont pas biens.

CHAPITRE XLI.

Du Défaut d'Instruction.

361. Discourir dans une réunion, sans avoir une instruction pleine et entière, c'est jouer aux dés sans damier.

362. Prendre plaisir à écouter les paroles d'un homme sans instruction, c'est ressembler à la femme qui, privée des deux seins, désire exercer les attributs de la femme (plaire aux hommes).

363. Même, les hommes sans instruction se rendent meilleurs, en s'abstenant de parler, dans une assemblée d'hommes instruits.

364. La connaissance d'un homme sans instruction, si elle est parfois appréciable, n'est pas prisée par les hommes instruits.

365. L'estime dont s'abuse un illettré, se dissipe lors qu'il converse avec un homme instruit.

366. Les illéttrés sont bons pour être recensés, mais ils ressemblent (parce qu'ils ne sont utiles à personne) à la terre à soude, qui est improductive.

367. La grâce et la beauté de celui qui n'a pas des connaissances fines et dignes d'estime, ressemblent à celles d'une statue en plâtre, artistement façonnée.

368. La richesse des illéttrés engendre plus de souffrances que la pauvreté des hommes instruits.

369. Les illétrés, bien qu'ils soient d'une haute extraction, sont moins estimés que les hommes instruits de basse origine.

370. Les illettrés ressemblent aux animaux, comparés avec les gens instruits qui sont des hommes.

CHAPITRE XLII.

De l'audition.

371. La richesse des richesses est celle de l'oreille. Elle est la première de toutes les richesses.

372. Quand l'oreille n'écoute pas, (quand elle n'a pas d'aliment) il faut offrir un peu d'aliment à l'estomac.

373. Ceux qui ont l'aliment de l'oreille (écoutent) bien qu'ils soient sur terre, sont égaux aux dieux aux quels l'aliment est offert dans les sacrifices.

374. Que ceux qui ne sont pas instruits, écoutent: ce sera pour eux un soutien dans le malheur.

375. Telles que le bâton qui empêche de glisser dans la boue, les paroles des hommes vertu eux servent de soutien.

376. Ecoutez les bonnes paroles, si peu nombreuses soient-elles. Elles procurent une grande dignité, proportionnée à leur petit nombre.

377. Ceux qui ont examiné et saisi le sens delicat (des choses) et qui en ont discuté avec les sages ne disent pas des paroles qui trahissent l'ignorance, même lorsqu'ils ont mal compris.

378. L'oreille où n'a pas penétré l'enseignement entend des sons mais est insensible en réalité.

379. Ceux qui n'ont pas l'oreille délicate ne peuvent avoir le langage respectueux.

380. Qu'importe que ceux qui ne connaissent pas les délices de l'oreille mais seulement le goût du palais, meurent ou vivent?

CHAPITRE XLIII.

De l'entendement.

381. L'entendement est l'arme qui protège contre la ruine, la forteresse que les ennemis ne peuvent prendre d'assaut.

382. Freiner l'esprit en l'empêchant de vagabonder, le préserver du mal et le diriger dans la voie du Bien, c'est l'entendement.

383. De quelque bouche qu'on entende quoi que ce soit, en saisir le véritable sens est l'entendement.

384. Faire comprendre par un exposé clair et intelligible ce que l'on a à dire, saisir le sens subtil des réponses d'autrui, c'est l'entendement.

385. Acquérir l'amitié du monde est le fait de l'intelligence. La garder intacte, en ne l'exagérant pas d'abord pour la diminuer ensuite, est le fait de l'entendement.

386. Connaître le sens dans le quel marche le monde, conformer sa conduite à son inclination, c'est l'entendement.

387. Les hommes intelligents prévoient l'avenir ; les inintelligents sont ceux qui n'ont pas ce don.

388. Ne pas craindre ce qui doit être craint, c'est la sottise. Craindre ce qui doit être craint est au contraire, le propre des hommes intelligents.

389. Il n'y a pas de malheur qui fasse trembler les hommes intelligents, les quels ont la capacité de prévoir l'avenir et de se garer.

390. Les hommes qui ont l'entendement ont tout, bien qu'ils ne possèdent rien; ceux qui sont privés de l'entendement n'ont rien, bien qu'ils possèdent tout.

CHAPITRE XLIV.

De la repression des défauts.

391. La prospérité (du Roi) qui n'a pas d'arrogance, de colère et de luxure, va en florissant.

392. L'avarice, le défaut de dignité et l'excès de joie sont les défauts du Roi

393. Ceux qui redoutent le déshonneur, considèrent leurs défauts aussi petits qu'un grain de millet, comme s'ils sont aussi gros qu'un palmier.

394. C'est une faute que de s'attirer une haine mortelle; il faut se garder d'une pareille faute: on acquiert ainsi un Bien.

395. La vie du Roi qui ne se gare pas des défauts, avant qu'ils ne l'atteignent, est détruite comme une meule de paille exposée à la flamme.

396. De quoi peut on accuser le Roi, qui découvre d'abord ses défauts, les corrige, puis cherche à découvrir ceux de ses sujets ?

397. Le trésor du Roi qui par une parcimonie serrée, se refuse ce qui ne s'acquiert que par la richesse, se détruit sans profit.

398. L'avarice qui consiste à thésauriser sans faire les dépenses indispensables ne doit pas être comptée parmi tous les défauts (est plue grande que ceux-ci).

399. Ne vous surestimez jamais par arrogance. Ne désirez pas même par la pensée, les entreprises qui ne peuvent vous causer du bien.

400. Le Roi qui a l'habileté de jouir des choses désirées, sans laisser deviner ses désirs et leur objet, rend vaines les machinations de ses ennemis.

CHAPITRE XLV.

De la recherche du soutien des Grands.

401. Que (le Roi) recherche l'amitié des hommes intelligents plus âgés que lui et qui connaissent le prix de la vertu, en connaissance de la valeur de cette amitié et des moyens de l'obtennir.

402. Qu'il accorde toute satisfaction, à ceux qui sont capables de guérir les maux présents et de prendre des mesures pour en prévenir le retour et qu'il se les attache avec soin.

403. C'est une rare des rares fortunes des Rois, que celle d'honorer les hommes de telles qualités, en leur donnant ce dont ils ont besoin et de les rendre ainsi les leurs.

404. C'est une force capitale (du Roi) que celle de gagner l'intimité de ceux qui lui sont supérieurs en sagesse et de suivre leurs conseils.

405. Puis qu'il faut gouverner, en considérant ceux ceux qui l'entourent comme ses yeux, que le Roi les choisisse et s'assure de leur concours.

406. Il n'y a pas de mal. que les ennemis puissent faire à un Roi, qui a le concours des grands hommes et qui a le pouvoir de se conduire avec sagesse.

407. Quels sont les ennemis, qui peuvent se flatter de nuire au Roi, qui sait apprécier le mérite des ministres qui lui reprochent ses fautes et gouverne suivent leurs bons conseils ?

408. Se perd lui-même, sans avoir d'ennemis. le Prince qui n'est pas protégé, parce qu'il n'a pas de Ministres qui le reprimandent.

409. Point de bénéfice pour celui qui n'a pas de capital ; de même point de stabilité, pour le Roi qui n'a pas de défenseurs qui le soutiennent.

410. Abandonner l'amitié des hommes de Bien est dix fois pire, que s'attirer personnellement la haine de plusieurs.

CHAPITRE XLVI.

La non-fréquentation des gens Vils.

411. La Grandeur redoute la Vileté. La Bassesse s'apparente à la Vileté.

412. L'eau est altérée par la nature du sol qu'elle traverse et prend les propriétés de celui-ci : de même, l'intelligence des hommes est altérée par ceux qu'ils fréquentent et s'approprie leurs caractéres.

413. Les sentiments de l'homme dépendent (de la tournure) de son esprit ; ainsi la réputation faite par le monde à un homme est causée par la qualité de son entourage.

414. Les sentiments semblent résider dans l'âme; ils sont, en réalité, le résultat de l'entourage.

415. La pureté du cœur et celle de l'action proviennent toutes les deux de la pureté des gens de l'entourage.

416. Les purs de cœur ont une bonne postérité et à ceux qui ont un bon entourage, il n'y a pas d'action qui ne soit bonne.

417. La pureté du cœur donne la prospérité aux hommes, tandis que la pureté de l'entourage procure toutes les gloires.

418. Bien qu'ils possèdent la bonté du cœur par leurs bonnes œuvres (antérieures), le bon entourage est un Vigoureux soutien pour les Sages.

419. La bonté du cœur conduit aux délices du ciel et elle est fortifiée par le bon entourage.

420. Il n'y a pas pour l'homme, de meilleur soutien que le bon entourage et il n'y a rien de plus préjudiciable, que le mauvais entourage.

CHAPITRE XLVII.

Manière d'agir en connaissance de cause.

421. Peser d'abord les conséquences désastreuses d'une entreprise, puis les avantages, enfin le profit qui peut résulter de ceux-ci et agir.

422. Il n'y a pas de bien rare que ne puisse obtenir (le Roi) qui agit, après en avoir délibéré avec son conseil choisi et après y avoir réfléchi lui-même, en particulier.

423. Les hommes intelligents ne s'engagent pas, en escomptant un profit éventuel, dans une entreprise qui peut faire perdre le capital actuel.

424. Ceux qui craignent le ridicule ne commencent pas d'agir, sans une mûre délibération préalable.

425. Partir en guerre, sans avoir minutieusement pesé et arrêté en détail, tous les moyens est une voie de fortifier l'ennemi sur un terrain soigneusement préparé.

426. (Le Roi) se perd en faisant ce qu'il ne doit pas faire; il se perd également, en ne faisant pas ce qu'il doit faire.

427. Que l'on entreprenne une action, après avoir réfléchi aux moyens de la faire aboutir. Commencer d'abord, et réfléchir ensuite sont une faute.

428. L'effort fait, sans avoir réfléchi au moyen de mener une entreprise à bonne fin, est perdu même si plusieurs viennent en aide.

429. Le Bien que l'on fait à autrui peut mal tourner, si l'on n'agit pas conforménent à son secret penchant.

430. Le monde blâme les mesures que l'on prend et qui sont incompatibles avec sa position. Qu'on recherche les mesures qui soient à l'abri du blâme et qu'on agisse ensuite.

CHAPITRE XLVIII.

Discernement de la force.

431. Considérer d'abord les difficultés de l'entreprise, peser ses propres forces, celles de l'ennemi et celles des alliés ; agir ensuite.

432. Il n'y a pas de succès impossible à ceux qui savent ce qu'ils peuvent faire, qui calculent pour cela leurs forces, qui mûrissent leur projet, y persistent et qui agissent seulement ensuite.

433. Nombreux ont été ceux qui, sans se rendre très bien compte de leur capacité de chef, ont attaqué par présomption et qui ont été vaincus au milieu (de l'action).

434. (Le Roi) qui sans vivre en bonne harmonie avec ses voisins et sans connaître ses propres forces, est seulement plein de lui-même pour encourir leur haine, consomme promptement sa ruine.

435. L'essieu de la charrette, même chargée de plumes de paon, se brise si le fardeau est plus lourd qu'il ne peut supporter.

436. L'effort fait par ceux qui sont montés sur la cime d'un arbre, pour monter encore plus haut, amène la fin de leur vie.

437. Que celui qui fait la charité, donne en connaissance du quantum de ses Biens: c'est le moyen de les conserver et d'en user.

438. Il n'y a pas de mal à ce que le canal alimentaire du budget soit étroit, pourvu que l'écluse des dépenses ne soit pas agrandie.

439. La richesse d'un homme qui vit, en n'en connaissant pas le montant, semble bien exister, mais elle finit par ne plus exister et son apparence même disparait.

440. La charité de celui qui ne calcule pas le montant de sa fortune amène promptement sa ruine.

CHAPITRE XLIX.

De la connaissance de l'Opportunité.

441. Le corbeau triomphe du hibou pendant qu'il fait jour, ainsi il faut un temps opportun au Roi qui désire vaincre ses ennemis.

442. Faire chaque chose en temps opportun est la corde qui retient chez soi, l'inconstante fortune.

443. Y a-t-il quoi que ce soit d'impossible (au Roi) qui sait employer l'armement approprié et profiter du moment opportun ?

444. Le désir d'avoir l'hégémonie du monde se réalise, si l'on choisit le moment opportun et le terrain propice.

445. Le Roi qui désire régner immanquablement sur tout l'univers attend avec patience le moment opportun.

446. Attendre le moment propice, quand on a une armée forte, ressemble au mouvement du bélier, qui recule pour prendre l'élan.

447. Le Roi intelligent ne manifeste pas sa colère au moment même où il est insulté, mais l'entretient dans son cœur, en attendant le moment propice.

448. Si tu rencontres l'ennemi, supporte-le ; le jour de sa fin venu, sa tête tombe par terre.

449. Le temps propice arrivé, il faut en profiter pour tenter même l'impossible.

450. Pendant le temps défavorable, il faut imiter l'inaction patiente du héron et agir au moment opportun, avec la rapidité de son coup de bec.

CHAPITRE L.

Du discernement du terrain.

451. Ne rien commencer avant d'avoir trouvé le terrain où (l'ennemi) puisse être enveloppé! Ne pas le dédaigner !

452. A l'armée dont la force est dissimulée (à l'ennemi), l'appui d'une place fortifiée donne de nombreux avantages.

453. Même une faible armée acquiert la force de vaincre, si elle se fait protéger et combat l'ennemi sur unterrain reconnu propice.

454. (Les Rois) qui ont choisi leur position et attaquent, couverts par une place fortifiée, font perdre à l'ennemi, l'espoir de vaincre.

455. Dans une eau profonde, le crocodile triomphe de tous (les êtres vivants); s'il s'en écarte (tous les êtres vivants) ont raison de lui.

456. Les grands chars qui ont des roues puissantes pour rouler sur terre pleine ne peuvent rouler sur l'océan, de même les vaisseaux qui parcourent la mer ne peuvent voyager sur terre.

457. Celui qui engage la bataille, après avoir arrêté son plan sur tous les moyens de combattre l'ennemi et avoir bien choisi ses positions, n'a pas besoin de secours autre que sa propre valeur.

458. Celui qui a une puissante armée, s'il va combattre chez lui un roi, qui n'a qu'une faible armée, perd sa réputation, grâce à celui-ci.

459. Il est difficile d'attaquer chez elles, des troupes ennemies, même si elles n'ont pas la force de résister et une fortresse indestructible.

460. L'éléphant fougueux qui n'obéit pas à son cornac et fait intrépidement face à une multitude armée de javelles, est à la merci d'un chacal, s'il s'enfonce dans un terrain bourbeux

CHAPITRE LI.

S'éclairer après expérimentation.

461. Que celui qui a satisfait aux quatre épreuves suivantes: l'amour de la vertu, l'or, la luxure et la crainte pour la vie, soit choisi (par le Roi).

462. Que le choix s'arrête sur celui qui sst de bonne naissance, dégagé de vices, plein de retenue et qui craint le déshonneur.

463. Même parmi ceux qui ont une rare instruction, et qui sont dégagés de tous les défauts, (ci dessus spécifiés), il est rare de ne pas trouver de sots, si l'on se livre à un examen minutieux.

464. Peser les qualités et les défauts d'un homme Choisir d'après ce qui l'emporte.

465. Ce sont les propres actes d'un homme qui sont la pierre de touche de sa bonne et de sa mauvaise réputation.

466. Renoncer à choisir ceux qui n'ont pas de parents: ils n'ont aucune attache avec le monde, donc ils ne craignent pas le déshonneur.

467. Choisir ceux qui ne savent pas ce qu'il faut savoir, uniquement à cause de l'affection qu'il a pour eux, conduit (le Roi) à faire toutes les sottises.

468. Le choix de quelqu'un qui est étranger à soi sous tous les rapports, crée même à la postérité des maux irréparables.

469. Ne jamais choisir avant d'avoir éprouvé. Ne choisir que celui qui a satisfait à l'épreuve.

470. Choisir sans épreuve préalable et suspecter celui qui a été choisi, après épreuve : tous les deux conduisent à des malheurs irréparables.

CHAPITRE LII.

Employer les hommes en raison de leur capacité.

471. N'employer à son service que celui qui (dans un cas déterminé) a pesé le pour et le contre et qui a eu le bon esprit de s'arrêter au moyen susceptible d'assurer le succès.

472. Que celui qui a la capacité d'élargir les moyens des revenus, d'augmenter ainsi la prospérité (du Royaume), de découvrir et d'annihiler les obstacles qui l'empêchent, serve (le Roi).

473. Il est intelligent de ne choisir à son service que celui qui possède d'une manière parfaite les quatre qualités que voici : l'affection, l'intelligence, la décision et l'absence de cupidité.

474. Nombreux sont ceux qui, après avoir satisfait à toutes les épreuves, après avoir été choisis pour servir, changent de caractère dans l'exercice de leurs fonctions.

475. Ne peut être employé que celui qui connaît les devoirs de sa charge et s'efforce de s'en acquitter avec patience et non celui qui a seulement de l'affection (pour l'employeur).

476. D'abord examiner la capacité de l'homme et la nature du service, puis choisir le moment propice à l'employer; enfin charger l'homme ainsi éprouvé, du service.

477. Se convaincre d'abord qu'un tel a l'aptitude de remplir telle charge, par tel moyen approprié; lui confier ensuite la responsabilité de la charge.

478. Jugez-vous, après examen, qu'un tel a les aptitudes à remplir telle charge, n'hésitez pas à le promouvoir à cet emploi.

479. La Fille de Dieu (déesse de la Fortune) se sépare du Roi qui suspecte la conduite irréprochable de celui qui s'efforce de bien faire son service.

480. Si le fonctionnaire ne dévie pas de ses devoirs, le monde ne déviera pas de sa marche normale. Que le Roi surveille tous les jours et étroitement le fonctionnaire!

CHAPITRE LIII.

S'attacher aux parents.

481. Témoigner l'ancien attachement, à celui qui est abandonné par la fortune ne se rencontre que chez les parents.

482. Avoir une parenté dont l'affection n'est pas brisée,donne de nombreux biens de plus en plus productifs.

483. La vie de celui qui ne chérit pas sincèrement ses parents, ressemble à un étang sans berges qui se remplit (d'eau.)

484. L'utilité de la fortune acquise par quelqu'un est de vivre entouré de ses parents.

485. Celui qui donne et dit des paroles suaves sera entouré de parents empressés.

486. Il n'y a pas en ce vaste monde, d'homme qui ait des parents plus nombreux, que celui qui fait des largesses et qui n'aime pas la colère.

487. Le corbeau ne cache pas la proie qu'il a trouvée à ses congénères, mais il les appelle et la partage avec eux. Ainsi la fortune n'écheoit qu'aux gens de cette qualité.

488. Si, au lieu de traiter tous indistinctement, le Roi traite les parents selon leur mérite, nombreux seront ceux qui escompteront ce privilège et vivront de ses bienfaits.

489. Un parent séparé redevient parent, par la suppression de la cause de la séparation.

490. Si un parent séparé sans motif revient par l'espoir d'obtenir un avantage, que le Roi examine l'objet de son désir et se l'attache en lui donnant satisfaction.

CHAPITRE LIV.

Ne pas s'oublier.

491. L'oubli de soi-même qui provient d'une trop grande joie est plus nuisible (au Roi) que la colère violente.

492. De même que l'indigence excessive nuit à l'intelligence : le faux sentiment de la sécurité tue la gloire.

493. Ceux qui s'oublient n'obtiennent pas la gloire : telle est la conclusion non seulement de ceux qui ont traité de la morale mais aussi de tous les écrivains de l'univers.

494. La fortresse ne profite guère à ceux qui ont peur intérieurement, de même l'abandance des richesses ne protite pas aux Sans-soucoi.

495. L'insouciant qui ne se prémunit pas contre les malheurs, déplorera sa négligence, une fois le désastre venu.

496. Il n'y a pas de bien pouvant égaler le non-relâchement dans la vigilance, incessante en tout temps et contre tous les hommes.

497. Rien d'impossible à celui qui agit avec prudence et sans s'oublier.

498. Il faut faire les actes recommandés par les Sages. Sinon on n'aura pas de bonheur dans ses sept naissances.

499. Lorsqu'on s'oublie dans une trop grande joie, qu'on se rappelle ceux que leur insouciance a perdus.

500. Il est aisé d'obtenir ce que l'on a désiré, si l'on a constamment présent à la mémoire l'objet désiré.

CHAPITRE LV.

Manière de Gouverner.

501. Connaître les infractions, les examiner sans parti pris, n'incliner ni d'un côté ni de l'autre, désirer et tenir le juste milieu, délibérer avec les hommes de Loi, puis prononcer la sentence : voilà rendre la justice.

502. Tous les êtres vivent, ayant le regard tourné vers les nuages chargés de pluie; ainsi tous les sujets vivent, ayant le regard tourné vers le sceptre du Roi.

503. Le sceptre du Prince est le support de la Religion étudiée par les bhrames et aussi de la vertu qu'elle enseigne.

504. Le monde embrasse les pieds du Roi qui gouverne son vaste Etat, en protégeant ses sujets et en leur rendant la justice, et qui s'y tient.

505. Les pluies de saison et les riches moissons fertilisent ensemble l'Etat du Prince qui tient le sceptre (gouverne) selon les prescriptions de la Loi.

506. Ce qui procure la victoire au Prince sur le champ de bataille, ce n'est pas sa flèche, c'est plutôt son sceptre, pourvu qu'il se tienne droit et ne penche d'aucun côté.

507. Le Roi protège tous ses sujets et c'est son sceptre qui le protège lui-même, si celui-ci ne sa heurte à aucun obstacle.

508. Le Prince dont les justiciables n'ont pas l'oreille et qui ne rend pas la justice après information et délibération, règne honteusement et se perd lui-même.

509. Protèger ses sujets contre leurs ennemis et ne pas les opprimer, punir les coupables: c'est la fonction du Roi et ce n'est pas exercer la vengeance.

510. Le fait par le Roi de punir de mort les criminels est identique au fait du cultivateur qui arrache les mauvaises herbes pour fortifier ses cultures.

CHAPITRE LVI.

De la Tyrannie.

511. Le Roi qui, pour extorquer leurs biens, opprime ses sujets et emploie des procédés illégaux est plus cruel que ceux qui tuent par haine.

512. La réquisition de donner, faite par le tyran qui commande avec le sceptre, équivaut à la sommation de donner, faite par le voleur, armé de flèches, au passant isolé.

513. Le Roi, qui ne s'informe pas tous les jours des injustices commises dans son Etat et ne punit pas les coupables, perd son rayaume jour par jour.

514. Le Roi, qui gouverne contrairement à l'équité, sans songer aux conséquences de ses actes, perd à la fois son trésor et ses sujets.

515. Les larmes versées par les sujets, qui sont opprimés par l'injustice et qui ne peuvent pas supporter leurs maux, sont l'arme qui diminue la prospérité du Roi.

516. C'est la justice qu'il rend, qui établit solidement la gloire du Roi ; l'injustice ne procure pas la gloire.

517. Les maux, endurés par les êtres ici-bas par manque de pluie, sont les mêmes que ceux dont souffrent les sujets du Roi, qui n'a pas de pitié.

518. Aux sujets, qui vivent sous le sceptre d'un Roi qui ne rend pas la justice, la richesse cause plus de mal que la pauvreté.

519. Dans l'Etat du Roi qui gouverne contrairement à l'équité, les nuages ne font pas pleuvoir les pluies de saison.

520. Le lait tarit chez les vaches et les bhrames oublient leurs sastras dans le Royaume du Prince, qui, ayant le devoir de protéger, ne protège pas ses sujets.

CHAPITRE LVII.

Ne pas inspirer la terreur.

521. Le Roi est celui qui informe impartialement contre le délinquant et inflige à sa faute une peine appropriée pour empêcher la récidive.

522. Que celui qui désire ne pas être abandonné pour longtemps par la fortune, commence par paraître vouloir punir sévèrement, mais qu'il frappe doucement.

523. Si le Roi est un tyran qui terrorise ses sujets, il se perd sûrement et promptement.

524. Le Roi, auquel ses Sujets font la mauvaise réputation de cruauté, voit ses jours raccourcis et perd incontinent sa fortune.

525. La grande richesse de celui qui est d'un abord difficile et qui reçoit avec une mine renfrognée ressemble au trésor découvert par le démon.

526. Si (le Roi) a la parole dure et le regard inexorable, sa grande fortnne, au lieu de durer, se dissipe instantanément.

527. Les paroles cruelles et le châtiment excessif sont la lime qui use le fer dont (le Roi) s'arme, pour vaincre (ses ennemis).

528. Décroit la richesse du Roi qui ne discute pas ses projets avec les Ministres, agit de son gré, et qui, irrité par l'insuccès, s'emporte contre eux.

529. Périra promptement le Roi, qui ne s'aménage pas une place forte et qui tremble, lorsqu'il est surpris par la guerre.

530. Le tyran s'entoure d'illettrés pour conseillers et il n'y a pas pour la terre, de fardeau plus lourd que leur assemblée.

CHAPITRE LVIII.

De l'égard.

531. C'est par la ravissante parure appelée égard que ce monde subsiste en vérité.

532. La marche du monde dépend de la considération. S'il y a des gens qui n'en ont pas, ils existent pour être le poids lourd de la terre.

533. De quelle utilité est le chant qui n'est pas harmonieux ? Ainsi, de quelle utilité est l'œil qui n'a pas d'égard ?

534. Les yeux, qui n'ont pas de considération raisonnable, semblent bien orner le visage, mais de quelle autre utilité sont-ils ?.

535. La parure de l'œil est la considération. L'œil, qui ne l'a pas, est considéré comme une plaie.

536. Ceux qui n'ont pas d'égard ressemblent aux arbres enracinés dans le sol, bien qu'ils aillent et viennent.

537. Ceux qui n'ont pas d'égard sont aveugles; ceux qui ont des yeux ne sont pas sans avoir des égards.

538. La nature de ce monde est d'appartenir (au Roi) qui a le pouvoir d'avoir des égards, sans manquer à la justice.

539. Témoigner de l'égard même à ceux qui font du mal et leur pardonner les fautes, sont la première bonne qualité (du Roi).

540. Ceux qui cultivent l'égard qui est digne d'être désiré, absorbent ce qu'ils ont vu empoisonner et fréquentent encore après, les empoisonneurs.

CHAPITRE LIX.

Du service des renseignements.

541. Que le Prince considère le service des Renseignements et la science du Droit, dignes d'éloge comme ses deux yeux.

542. La fonction du Roi est d'apprendre promptement et chaque jour, tout ce qui se passe chez tout le monde.

543. Le Prince n'a pas d'autre moyen de vaincre (ses ennemis) que de se faire renseigner par ses espions et de savoir tirer profit (de ces renseignements).

544. L'espion est celui qui surveille tout le monde : fonctionnaires, parents et ennemis.

545. Celui qui se présente sous un dehors insoupçonnable, qui ne se trouble pas devant quelqu'un qui le scrute avec colère et qui a la maîtrise de ne pas révéler ses secrets, quand même les quatre ruses sont employées contre lui, est l'espion.

546. Celui qui, déguisé en ascète ou en pénitent va partout, fait des investigations complètes et qui ne se découvre pas, quelles que soient les tortures employées contre lui, est l'espion.

547. Celui qui a l'habileté de connaître par ses intimes les agissements secrets de quelqu'un, et qui a l'assurance de ne pas douter de ses informations, est l'espion.

548. Le Roi doit vérifier l'information apportée par un espion par celle qu'il se procure par un autre et s'assurer de leur identité.

549. Dans l'emploi des espions, veiller à ce que l'un ne connaisse pas l'autre. Tenir pour vrai, le renseignement résultant des rapports concordants de trois espions.

550. Ne pas recompenser, au su d'une troisième personne, un espion; agir ainsi, c'est dévoiler soi-même ses secrets.

CHAPITRE LX.

De l'energie.

551. Cuex que l'on appelle possédants sont ceux qui ont de l'energie. Ceux qui n'en ont pas deviendront-ils possédants, quoi qu'ils possèdent autre chose ?

552. La possession de l'énergie est une possession durable; celle des autres biens est éphémère.

553. Ceux qui ont une force de volonté solide, ne perdent pas la tête par la perte de la richesse.

554. La prospérité demande le chemin et se rend chez celui qui a une énergie inébranlable.

555. La longueur des tiges des fleurs aquatiques est la mesure de la profondeur de l'eau : ainsi la grandeur est la mesure de la force de volonté de l'homme.

556. Que la pensée consatnte (du Roi) aille à son élévation. Même, en cas d'insuccés, elle devient une qualité naturelle.

557. L'éléphant se tient plus fermement, lorsqu'il est blessé d'une flèche pénétrante : ainsi l'homme énergique maintient sa grandeur sans se laisser abattre par l'insuccès.

558. Parmi les habitants de ce monde ceux qui n'ont pas de l'énergie, nont pas l'estime de leur propre puissance.

559. L'éléphant est le plus gros (des quadrupèdes); il a aussi des défenses effilées ? Il a peur cependant du tigre qu'il rencontre.

560. L'énergie n'est que l'excés de la finesse de l'esprit. Ceux qui n'en ont pas sont des arbres; ce qui les différencie des vrais arbres c'est leur forme humaine.

CHAPITRE LXI

S'Abstenir de la Paresse.

561. La flamme inextinguible appelée famille s'éteint, envahie par les ténèbres appelées paresse.

562. Ceux qui désirent faire de leur famille, une bonne famille, doivent considérer la paresse comme la paresse (un mal).

563. La famille de l'insensé qui entretient la paresse digne d'être détruite, s'éteint avant lui-même.

564. Ceux qui croupissent dans la paresse et qui n'ont pas l'énergie salvatrice voient, non seulement leur famille s'éteindre, mais sont aussi adonnés à une multitude de vices.

565. La paresse, la lenteur, l'oubli et le sommeil: tous ces quatre (vices) sont le vaisseau sur lequel désirent s'embarquer ceux qui sont destinés à périr.

566. Bien que la richesse de ceux qui ont régné sur toute la terre, se soit accumulée d'elle-même chez eux, les paresseux n'en retirent aucun grand profit.

567. Ceux qui ne font aucun glorieux effort, parce qu'ils aiment la paresse, entendent d'abord les réprimandes puis les insultes de leurs amis.

568. Si la paresse gagne un (Roi qui est) père de famille, elle le rend propre à être asservi par ses ennemis.

569. Parce que quelqu'un renonce à la paresse, il détruit les malheurs abattus sur sa famille et le préjudice causé à sa virilité.

570. Sous le sceptre du Prince qui n'est pas paresseux, se range tout l'univers qui a été mesuré par Dieu de ses pas.

CHAPITRE LXII.

De l'effort incessant.

571. Penser toujours à l'exellence de l'entreprise et ne jamais cesser de s'efforcer; l'effort donne la gloire du succès.

572. Le monde abandonne celui qui abandonne un travail commencé. Evitez de rester inactif dans l'action.

573. La noblesse d'être serviable à tous ne réside que dans la haute qualité appelée effort.

574. La serviabilité d'un homme sans effort est inexistante, tout comme l'epée entre les mains d'un eunuque (qui ne peut s'en servir).

575. Celui qui, sans chercher les plaisirs, ne cherche qu'à achever la besogne commencée détruit la misère de ses parents et est la colonne qui les supporte.

576. L'effort accroît la fortune ; l'indolence n'engendre que la misère.

577. La noire déesse de l'infortune réside en la paresse (de l'homme); celle qui est née dans le lotus réside, dit on, en l'effort de celui qui est sans paresse.

578. Ce n'est pas une faute que de n'avoir pas la Bonne Fortune, mais c'est une faute que de s'abstenir de tout effort, lorsqu'on sait tout ce qu'il faut savoir.

579. Si une entreprise ne donne pas, grâce à la destinée, tout le profit espéré, l'effort donne toujours le salaire de la peine corporelle.

580. Ceux qui travaillent sans relâche et ne commettent pas de fautes, voient fuir devant eux même le Destin.

CHAPITRE LXIII.

Ne pas se laisser abattre par le malheur.

581. Quand le malheur arrive, il faut s'en rejouir intérieurement: il n'y a rien de tel pour le réduire.

582. Tous les maux qui, comme l'inondation, sont sans bornes, s'évanouissent, lorsqu'un homme intelligent conçoit un projet, (pour les détruire).

583. Ceux qui ne s'affligent pas d'un obstacle (qui empêche le succès d'une entreprise) lui créent un contre-obstacle.

584. Les maux qui s'abattent sur celui qui continue son travail malgré les obstacles, comme le buffle qui avance lentement au milieu des cahots, ont en eux-mêmes, la cause de leur destruction.

585. Les maux qui atteignent en foule, se succédant les uns aux autres, celui qui ne lâche pas prise, sont détruits par d'autres maux.

586. Ceux qui ignorent l'avarice dans la prospérité s'affligeront-ils de leur pauvreté dans le malheur ?

587. L'homme intelligent qui sait que le corps sert de cible à la douleur, ne considère pas celle-ci comme telle.

588. Celui qui ne désire pas les plaisirs et qui sait qu'il est naturel d'endurer les maux causés par le Destin, ne souffre jamais de ces maux.

589. Celui qui jouit, mais sans les désirer, des plaisirs qui lui échoient, supporte la douleur quand elle vient, mais n'en souffre pas.

590. Celui qui supporte joyeusement la fatigue de l'effort, atteint la gloire qui le fait exalter par ses ennemis.

FIN "DU ROI"

SECTION 2.

Des Membres du Gouvernement.

CHAPITRE LXIV.

Des Ministres.

591. Celui-là est ministre qui est capable de bien discerner les moyens, l'opportunité et la manière de mener une entreprise et de s'acquitter de ces délicates fonctions.

592. Voici les cinq qualités nécessaires à un ministre : l'énergie dans l'action, la protection des sujets, l'étude du Droit, la connaissance du licet et du non licet, l'effort.

593. Est ministre, celui qui est habile à faire naître la scission parmi les alliés de l'ennemi, à conserver l'union parmi ses alliés (au moyen des dons et des paroles agréables) et à pardonner à ceux qui se sont séparés de lui.

594. Est ministre, celui qui a l'habileté de faire un choix parmi les moyens d'agir en connaissance de cause, et de prononcer les paroles qui engagent à le croire.

595. Est conseiller qualifié (du Roi), celui qui connait les actes vertueux pratiqués (par le Roi), qui a des paroles pleines de savoir et qui connait les moyens d'agir propres à chaque temps.

596. Quels sont donc les problèmes très délicats à resoudre, pour celui qui joint la connaissance des livres à une intelligence naturelle ?

597. Quoique l'on soit consommé dans la connaissance des livres, il faut savoir ce qui se passe dans le monde et y conformer ses actes.

598. Bien que (le Roi) traverse les consesils des connaisseurs et soit lui-même inintelligent, le devoir du ministre est de lui donner toujours et sans se lasser de bons conseils.

599. Il y a sept cent millions d'ennemis dans la personne du ministre qui est près du Roi et qui médite à lui faire du tort.

600. Les Ministres qui n'on pas l'énergis de parachever leurs œuvres, les laisseront inachevées bien qu'elles aient été mûrement étudiées.

CHAPITRE LXV.

De la Puissance de la parole.

601. Qu'ils-les Ministres-possèdent ce qui est appelé le don de la langue. Ce bien ne fait partie d'aucun autre bien.

602. Parce que la Fortune et la misère proviennet d'elle-la langue-qu'ils se gardent des fautes de la langue.

603. Le vrai discours est celui qui a la qualité d'affermir ceux qui ont écouté et approuvé, de faire revenir de leur opinion, ceux qui n'ont pas écouté ou approuvé.

604. Qu'ils parlent, en connaissance de leur talent et de la capacité d'appropriation des auditeurs. Il n'y a pas de vertu ni de richesse, supérieures à de tel discours.

605. Qu'ils parlent, mais qu'au préalable, ils recherchent et sachent, s'il n'y a pas un autre discours pouvant détruire les effets du leur.

606. Parler de manière à se faire désirer par l'auditoire et saisir le vrai sens des répliques d'autrui : tel est le rôle du ministre impeccable.

607. Il est difficile de vaincre par la ruse celui qui a la puissance de la parole, que rien ne trouble et qui brave l'auditoire.

608. Le Monde s'empresse d'approuver ceux qui ont le talent de coordonner leurs idées et d'employer un langage persuasif.

609. Seuls, ceux qui ne savent pas exprimer en peu de mots impeccables, des idées claires, désirent parler prolixement,

610. Ceux qui ne peuvent pas développer les connaissances qu'ils ont acquises par leurs études, de manière à les faire comprendre, ressemblent à la fleur épanouie mais qui n'a pas de parfum.

CHAPITRE LXVI.

De la pureté d'action.

611. L'excellence de l'entourage ne donne que la richesse ; mais la bonté de l'action donne tout le nécessaire.

612. Ils (les Ministres) doivent s'abstenir pour toujours, des actes qui ne procurent pas la gloire ni la vertu (au Roi.)

613. Ceux qui désirent s'élever doivent éviter avec soin les actes, qui portent atteinte à leur réputation.

614. Ceux qui ont l'esprit toujours lucide et stable, même lorsqu'ils souffrent de la misère, ne se livrent pas à des actes qui les déshonorent aux yeux de leurs bienfaiteurs.

615. S'abstenir des actes dont on aura à se repentir plus tard et si (par malheur) on les fait, il est bon de ne pas recommencer.

616. Eviter de faire les actes condamnés par les Sages, même pour soulager la faim qui torture sa mère.

617. L'extrême pauvreté des vertueux vaut mieux que la richsese amassée en se rendant coupable de mauvaises actions.

618. Si, au lieu de condamner eux-mêmes les actes condamnés par (les auteurs), les ministres les font (par appât des Biens), ces actes, s'ils réussissent d'abord, finissent par leur causer la douleur.

619. Ce qui est acquis malhonnêtement, s'il est emporté par les autres, ne profite pas à l'acquéreur en ce monde ; ce qui est acquis par les bonnes voies, même s'il se perd, donne ensuite un beau profit.

620. Soutenir (le Roi) au moyen des richesses acquises par fraude, équivaut à conserver de l'eau dans un vase d'argile non cuite.

CHAPITRE LXVII.

De la Fermete dans l'action.

621. La fermeté dans l'action est la fermeté de la volonté (de celui qui est qualifié pour parfaire un acte) ; toute autre fermeté ne peut être appelée fermeté.

622. Ne pas faire un acte voué à l'insuccès et ne pas se laisser abattre par l'échec: telles sont, d'après ceux qui ont fait des investigations, les deux voies (qui mènent à la fermeté dans l'action).

623. Laisser découvrir l'acte, lorsqu'il est accompli, c'est la fermeté. La divulgation, au milieu de l'exécution, cause une douleur indéfinie.

624. Il est facile à tous de proclamer un projet, mais difficile de le réaliser de la façon annoncée.

625. La fermeté (des Ministres) qui s'acquièrent un renom par leurs hauts projets, est bien estimée de tous, si leurs projets sont approuvés par le Roi.

626. Si l'on a la fermeté dans l'action, on obtient tout ce qu'on a désiré et tel qu'on a désiré.

627. (Le monde) considère ceux qui ont la fermeté dans l'action comme la clavette d'essieu d'un puissant char qui roule : il ne faut donc mépriser personne, à cause de son aspect.

628. Il faut faire sans tergiversation, sans trouble, tout ce qu'on a décidé avec la lucidité de l'esprit.

629. Poursuivre fermement tout acte qui, bien qu'il suscite des peines au début, est susceptible de causer du bien à la fin.

630. Le monde ne considère pas (les Ministres) qui ne recherchent pas la fermeté dans l'action, de quelques autres qualités qu'ils soient doués.

CHAPITRE LXVIII.

De la manière d'agir.

631. La fin de toute délibération est d'arriver à une décision ; en différer l'exécution est une faute.

632. Faire à loisir les affaires qui ne requièrent pas célérité, mais ne pas agir avec lenteur, si elles exigent une exécution rapide.

633. Il est bon d'agir énergiquement, quand c'est possible. Dans le cas contraire, recourir au moyen propre à assurer le succès.

634. Le mal qui provient d'une besogne non achevée et d'une haine non détruite, croit comme la flamme et écrase (l'homme négligent), si l'on y refléchit.

635. Considérer bien avant d'agir, les cinq objets suivants : les ressources que l'on a, les moyens dont l'on dispose, la nature de l'entreprise, le temps et le lieu propices à l'exécution.

636. Peser attentivement l'effort, (qu'il faut déployer), les difficultés (qui peuvent advenir) et le grand profit que l'on peut retirer, si elles sont vaincues : agir ensuite.

637. Voici la manière d'agir de celui qui entreprend une affaire : connaître l'opinion d'un expert en la matière.

638. Parachever une seconde œuvre, au cours de l'exéeution d'une première et par son moyen, c'est attacher un éléphant en furie à un autre puissant éléphant.

639. Se hâter de s'allier à ceux qui ne penvent s'entendre avec ses ennemis, plutôt que rendre service aux amis.

640. Les Ministres, qui gouvernent un petit royaume, s'ils sont attaqués par un ennemi puissant, pour éviter de trembler de tous leurs membres, lui font leur soumission, le cas échéant.

CHAPITRE LXIX.

De l'Ambassade.

641. Etre affable, être né dans une lignée d'anciens ministres, avoir les qualités désirées par les Rois : voilà le propre de l'ambassadeur.

642. La fidèle affection (pour son Roi), la fine connaissance de ses besoins, le talent de les communiquer (aux autres Rois) avec prudence : voilà les trois qualités indispensables à l'ambassadeur.

643. Etre le plus érudit d'entre les Ministres qui ont étudié le Droit : c'est la qualité de l'ambassadeur qui communique (aux Rois) armés de javelot, les propositions avantageuses au sien.

644. Que celui-là aille en ambassade, qui est doué de ces trois qualités : la perspicacité naturelle, une belle prestance et le savoir joint à l'expérience.

645. Exposer habilement l'objet de sa mission, éviter les paroles dures en traitant les sujets delicats, captiver l'interlocuteur, se le rendre propice et ainsi rendre service à son Roi, c'est le propre de l'ambassadeur.

646. Celui qui est versé en Droit, qui n'a pas peur de l'œil irrité (du Roi étranger), qui parle de manière à être approuvé, et qui connait le temps propice et le moyen propre à faire aboutir sa mission, est ambassadeur.

647. Celui qui, pénétré de la manière dont il doit remplir sa mission, choisit l'occasion et l'endroit propices, après s'être enquis de la façon dont il doit faire son exposé, est le chef des ambassadeurs.

648. Voici les qualités de celui qui est chargé de transmettre aux princes étrangers les paroles de son Roi : la pureté du cœur, l'appui de leurs ministres et la hardiesse.

649. Celui qui, sous le coup d'un danger imminent, a la maîtrise de ne pas proférer de basses paroles, même en commettant des lapsus linguae, est digne de transmettre les paroles de son Roi aux Princes étrangers.

650. Celui qui a le sublime courage de transmettre fidèlement les paroles de son Roi aux princes étrangers, même si ces paroles doivent amèner sa fin, est ambassadeur.

CHAPITRE LXX.

Se comporter avec les Princes.

651. (Le Ministre) ne doit ni trop s'éloigner des Rois d'esprit versatile, ni trop les approcher ; mais se tenir à une dictance raisonnable d'eux, comme celui qui se chauffe près du feu.

652. Ne pas désirer ce qui est désiré par le Roi, procure (au Ministre) une prosperité durable, de la part du Roi.

653. Que celui qui veut se protéger se garde de toute faute grave; car une fois que le soupçon est entré (dans l'esprit du Roi), il est impossible à quiconque de le dissiper.

654. En la présence des grands Princes, il faut éviter de chuchoter à l'oreille de quelqu'un et de rire en regardant quelqu'un.

655. Ne pas prêter oreille à la conversation secrète du Roi avec quelqu'un, ni l'interroger sur sa conversation ; mais écouter le secret, s'Il le révèle lui-même.

656. Tenir compte des signes extérieurs du visage du Roi et de l'occasion propice ; ne pas l'entretenir de choses qu'il deteste, mais lui dire les choses nécessaires et de la manière qui lui fait plaisir.

657. Ne dire que les choses qui engendrent le profit, et que le Roi désire, même s'Il n'interroge pas. Ne jamais dire les choses qui ne peuvent produire aucun profit, même si le Roi interroge à leur sujet.

658. Ne jamais dédaigner le Roi, parce qu'il est plus jeune ou qu'il est parent ; mais se conduire avec le respect qu'exige la Lumière (qui est en lui).

659. Ceux qui ont l'intelligence stable ne font pas les choses qui sont désagréables au Roi, dans la persuasion qu'ils en sont bien estimés.

660. Le droit (que s'arroge le Ministre) qui, comptant sur son ancienneté, fait des actes indignes de lui, ne cause que son malheur.

CHAPITRE LXXI.

Comprendre les signes.

661. Celui qui devine, de son seul regard, la pensée du (Roi), et sans que celui-ci la dise, est l'ornement de ceux qui habitent la terre entourée de l'intarissable océan.

662. Considérer comme égal à Dieu, celui qui devine avec certitude, ce qui se passe dans le for intérieur d'un autre.

663. Que (le Roi) engage comme conseiller, même en lui donnant quoi que ce soit de ses Biens, celui qui a le talent de découvrir le sens des signes d'autrui, par ce qu'il ressent intérieurement lui-même.

664. Ceux qui ont le talent de deviner la pensée d'autrui, sans que celui-ci s'en ouvre, ressemblent aux hommes qui n'ont pas le même talent par les organes, mais en sont distincts par leur intelligence.

665. A quoi sert l'œil précieux d'entre les organes, s'il ne comprend pas la signification des signes ?

666. De même que le cristal réfléchit l'image de l'objet placé devant lui, de même le visage reflète le sentiment qui déborde du cœur.

667. Qu'y a-t-il de plus subtil que le visage qui exprime le premier le dégoût ou le désir de la vie ressentis par le cœur ?

668. Si vous trouvez quelqu'un qui lise votre pensée et fasse le nécessaire pour vous satisfaire, il vous suffit de vous placer devant lui et de le regarder.

669. Si (le Roi) a (des Ministres) qui comprennent l'expression de ses propres yeux, ceux-ci leur indiqueront l'amitié ou la haine (qui déborde dans son cœur.

670. L'instrument dont se servent les Ministres réputés par leur subtilité pour deviner (les intentions du Roi) n'est rien autre chose que leur œil, si l'on y réfléchit bien.

CHAPITRE LXXII.

Connaître la disposition de l'assemblée.

671. Que les purs de cœur qui savent la valeur de la parole, étudient d'abord l'assemblée, sachent sa disposition et parlent ensuite.

672. Que les hommes de bien, qui ont étudié et connu par expérience la marche de la parole, se rendent compte de l'efficacité de bonnes paroles, et parlent très clairement et sans commettre de fautes.

673. Ceux qui prennent sur eux de discourir dans une assemblée, dont ils ne connaissent ni la capacité ni la disposition, ne connaissent pas la manière de parler et ne possédent pas l'art de parler.

674. Que l'on déploie ses talents de la parole et de l'érudition dans une docte assemblée, mais devant un auditoire d'ignorants, qu'on adopte la couleur blanche de la chaux. (se montrer ignorant).

675. La modestie, qui empêche de prendre la parole dans une assemblée de gens plus instruits que soi-même, est une qualité qui l'emporte sur toutes les autres.

676. Commetre une faute de parole dans une assemblée d'hommes nourris de toutes les sciences et qui en connaissent la valeur, équivaut à s'écarter du bon chemin et tomber dans le mal.

677. Le savoir d'un érudit ne brille de toute sa splendeur que dans une réunion de critiques consommés.

678. Discourir dans une réunion d'hommes, capables d'examiner sans erreur les paroles, c'est arroser un carré de plantes qui croissent d'elles-mêmes.

679. Que ceux qui sont aptes à discourir sur le Bien dans une réunion d'hommes vertueux, de manière à les délecter, ne parlent pas, même par oubli, dans une assemblée de méchants.

680. Que l'homme de Bien évite de parler dans une assemblée qui n'est pas composée de ses semblables, car un tel discours ressemble à l'ambroisie répandue dans une cour malpropre.

CHAPITRE LXXIII.

Ne pas avoir peur de l'auditoire.

681. Les purs de cœur, qui connaissent l'effet de la parole, ne font pas de fautes lorsqu'ils parlent dnas une assemblée de savants, dont ils se sont assuré de la qualité.

682. Sont appelés savants d'entre les savants, ceux qui developpent sans crainte leurs connaissances devant des savants, et de la manière que ceux-ci approuvent.

683. Nombreux sont ceux qui meurent courageusement devant l'ennemi, mais rares ceux qui peuvent parler courageusement dans une assemblée.

684. Que les hommes instruits exposent leur savoir devant d'autres hommes instruits, de manière à être appréciés par eux et apprennent d'eux ce qu'ils ignorent encore.

685. Que le Ministre apprenne les règles de la logique, afin de pouvoir soutenir la discussion dans le Conseil d'un Roi étranger.

686. Quel rapport, ceux qui n'ont pas la force, ont-ils avec l'épée? quel rapport ont-ils avec les lettres, ceux qui s'effraient devant une assemblée de gens d'esprit?

687. Le savoir de celui qui s'effraie devant une assemblée a la même valeur que l'épée tenue par un eunuque au milieu des ennemis.

688. N'est d'aucune utilité au monde le vaste savoir de celui qui, par peur, ne peut pas dire de bonnes choses dans une réunion de gens de Bien, de manière à les faire apprécier par eux.

689. Celui qui a fait de solides études et en connait le prix, s'il a peur d'une assemblée d'hommes de Bien, est considéré comme le dernier de ceux qui n'ont fait aucune étude.

690. Ceux qui s'effraient devant une assemblée et ne peuvent pas y exposer ce qu'ils ont appris, de manière à le faire valoir, bien qu'ils respirent, ressemblent aux cadavres.

FIN "DU MINISTRE".

CHAPITRE LXXIV.

Du pays.

691. Le pays est (l'en droit) où vivent réunis (les cultivateurs) qui font de riches récoltes, les gens vertueux et ceux dont la richesse n'est atteinte d'aucun mal.

692. Le pays est (l'en droit) qui, à cause du nombre illimité d'objets qu'il produit, est digne d'être désiré par les étrangers, qui est indemne de calamités et qui produit des récoltes excédantes.

693. Le pays est (l'endroit) qui supporte, le cas échéant, toutes les charges des autres pays et qui paie en outre, de plein gré, l'impôt au Roi.

694. Le pays est (l'endroit) où l'on vit heureux à l'abri d'une faim excessive, des maladies incurables et des invasions ruineuses de l'etranger.

695. Le pays est (l'endroit) où ne s'assemblent pas des partis à tendances diverses, qui n'est pas déchiré par les factions intérieures ruineuses, et où il n'y a pas de méchants ni de Seigneurs tributaires qui ont, pour profession, l'assassinat et qui, le cas echéant, persécutent le Roi.

696. Le pays qui ne souffre pas les invasions des ennemis et, s'il s'en produit, dont la production n'est pas déficitaire est, dit-on, le premier des pays.

697. Les deux nappes (souterrainnes et de surface) les montagnes fertiles, les sources qui en découlent, une forteresse indestructible sont les organes du pays.

698. L'absence de maladies, l'opulence, l'abondance de la production, le bonheur et la sécurité sont les cinq joyaux du pays.

699. Le pays qui produit sans labeur est pays; mais celui que le travail seul fait produire, n'est pas pays.

700. Toutes ces qualités ne sont d'aucune utilité au pays, qui n'est pas administré par un Roi.

CHAPITRE LXXV.

Place forte.

701. La fortresse est utile à ceux qui vont attaquer l'ennemi (pour conserver leurs Biens), aussi bien qu'à ceux qui s'y réfugient, par crainte de l'attaque.

702. La fortresse est (la place) qui a l'eau claire comme le cristal, la plaine. la montagne et le bois à l'ombre fraiche.

703. La muraille qui a quatre qualités, qui est haute, large, solide et inexpugnable par les machines de guerre est, disent les auteurs, la fortresse.

704. La fortresse est (la place) qui a des endroits peu vastes à défendre: (tels que portes et fenêtres) et un espace vaste et qui brise les efforts des assaillants.

705. La fortresse est (la place) qui a la qualité d'être difficile à être prise, qui regorge de provisions et qui facilite la défense des assiégés.

706. La fortresse contient non seulement tout ce qui est nécessaire aux assigés, mais aussi une garnison de bons soldats capables de la défondre contre les assaillants.

707. (La place) qu'il est difficile de prendre, soit par le siège, soit par l'assaut, soit par la mine est la forteresse.

708. La (place) qui aide à repousser l'ennemi qui l'entoure et l'attaque, et qui permet aux assiégés de combattre et vaincre l'ennemi, sans abandonner leurs postes, est la forteresse.

709. La fortresse est (la place) qui acquiert la gloire par les sorties vigoureuses que font les assiégés, dépuis le commencement du siège, pour tomber sur l'ennemi et le détruire dans son camp.

710. La fortresse, bien qu'elle réunisse toutes ces qualités, n'est d'aucune utilité si les défenseurs ne font pas preuve d'énergie dans l'actiou.

CHAPITRE LXXVI.

Manière d'acquérir les Biens.

711. Il n'y a rien d'autre que les Biens qui fasse considérer ceux qui ne sont pas considérés.

712. Tous méprisent les pauvres ; tous célèbrent les riches.

713. La lampe inextinguible dite richesse détruit l'obscurité appelée haine, et pentère dans tous les pays désirés par ses passesseurs.

714. La richesse acquise sans cruauté, par celui qui connaît la manière de l'acquérir, lui donne la vertu et le bonheur.

715. Que (le Roi) évite et fuit la richesse qui ne lui vient pas par la bonté qu'il temoigne à ses Sujets et qui ne lui est pas payée, par l'affection de ces derniers.

716. Les Biens abandonnés ou sans maître, les successions en deshérence, les revenus de l'impôt, le produit des douanes, les prises sur l'ennemi, constituent le trésor du Roi.

717. L'enfant engendré par l'affection et que l'on appelle grâce est élevé par la mère nourricière qu'est la richesse.

718. Celui qui fait le commerce avec son propre capital ressemble à l'homme qui assiste à un combat d'éléphants, du haut d'une colline.

719. Acquêrez la richesse! c'est l'acier qui abat l'orgueil des ennemis et il n'y a pas d'arme plus effilée qu'elle.

720. A celui qui a accru la richesse acquise dans le bonne voie, il est facile d'acquérir les deux autres Biens (vertu et bonheur).

CHAPITRE LXXVII.

Des avantages de l'armée.

721. L'armée composée de tous ses corps (infanterie, etc), bien organisée, qui ne craint pas d'affronter les batailles et qui est capable de vaincre l'ennemi est le principal trésor du Roi.

722. La bravoure de résiter, quoi que réduits à un petit nombre et sans craindre de s'exposer dans les situations désespérées, n'appartient qu'à ceux qui sont soldats par profession et de géné ration en génération.

723. Quel mal peut faire au serpent une armée de rats qui mugit comme l'océan? Il suffit au serpent de souffler pour la détruire.

724. L'armée (digne de ce nom) est celle qui n'a pas connu la défaite, qui n'a pas été corrompue par l'ennemi et qui a pour elle, une longue tradition de bravoure.

725. L'armée est celle qui, bien unie, a le courage de résister même à l'attaque furieuse d'Yaman (dieu de la mort).

726. La bravoure, l'honneur, le parcours de la voie glorieuse (des anciens héros) et la confiance du Roi: tels sont les quatre choses qui protègent l'armée.

727. La (vraie) armée est celle qui, connaissant les dispositions des forces ennemies sur le champ

de bataille, sait prendre ses positions pour soutenir (sans faiblir) le choc de l'attaque et qui ensuite, se garant contre la joussière soulevée par lui, s'élance sur l'ennemi.

728. L'armée qui n'a pas le courage d'attaquer ni la force de résister, en impose par l'apparence de son nombre.

729. L'armée vaincra l'ennemi, si elle n'est pas réduite par les pertes, si elle n'a pas la cupidité inguérissable du pillage et si elle ne souffre pas de la misère.

730. Bien qu'elle ait un grand nombre de soldats braves, l'armée lâche pied, si elle n'est pas commandée par des chefs habiles.

CHAPITRE LXXVIII.

De la bravoure de l'armée.

731. O ennemis! Ne résistez pas à mon chef, (si voulez vivre): car nombreux sont ceux qui lui ont résisté et qui sont couchés là où s'élève la pierre tumulaire !

732. Il vaut mieux tenir à la main la flèche qui a manqué l'éléphant dans la plaine que celle qui a atteint le lièvre dans la forêt.

733. Est très estimée, dit-on, la bravoure, avec la quelle on attaque l'ennemi avec furie et sans le regarder, mais est plus estimable encore, la bravoure avec la quelle on secourt, avec un œil compatissant, l'ennemi auquel est arrivé un malheur.

734. Celui qui, après avoir lancé une flèche qu'il avait à la main sur l'éléphant qui l'a attaqué, en cherche une autre, pour la lancer sur un autre (éléphant) qui va venir, sera ravi d'arracher de sa poitrine, la flèche qui l'a percé.

735. Si l'œil, qui a regardé l'ennemi avec furie, change ce regard et cligne, ne pouvant supporter le vol de la flèche lancée (par l'ennemi), ce clignement est une défaite pour le héros.

736. En comptant ses jours écoulés, le héros range parmi les jours gaspillés, ceux où il n'a pas été grièvement blessé au visage ou à la poitrine.

737. Pour le héros, qui, désirant la gloire qui se repand par toute la terre, ne fait pas cas de sa vie, se revêtir d'une cuirasse équivaut à se parer d'un joyau.

738. La vaillance du héros, qui n'a pas peur de mourir sur le champ de bataille, ne diminue en rien, lorsque le Roi l'empêche de se battre.

739. Qui donc peut se moquer du héros qui, ayant juré de mourir s'en est allé à la bataille, d'avoir échappé à la mort ?

740. La mort de celui qui s'est battu, de manière à faire venir les larmes aux yeux du Roi qui l'a comblé de ses bienfaits, mérite d'être obtenue, même en mendiant.

CHAPITRE LXXIX

De l'amitié.

741. Quels sont les Biens rares à acquérir, si ce n'est l'amitié ? Si on l'acquiert, quelle est la garde meilleure qu'elle, pour se protéger contre la haine de l'ennemi ?

742. L'amitié des gens d'esprit croît comme la lune croissante ; celle des sots décline comme la lune décroissante.

743. L'amitié entre hommes d'un bon naturel, fait les délices de ceux qui la pratiquent, tout comme les livres, qui font les délices de ceux qui les étudient.

744. Ce n'est pas pour se divertir qu'on se lie d'amitié, mais pour prévenir les égarements, les reprimander s'ils se produisent et donner de bons conseils.

745. Il n'est pas nécessaire de se réunir et de se fréquenter (pour se lier d'amitié); c'est l'identité de sentiments qui engendre elle-même le droit à l'amitié.

746. (La camaraderie qui consiste à) accueillir la face réjouie n'est pas l'amitié; mais accueillir avec le cœur épanoui d'affection est l'amitié.

747. Ecarter quelqu'un de la mauvaise voie qui ne cause que les maux, le diriger dans la voie du Bien et supporter avec lui le malheur, s'il vient: c'est l'amitié.

748. De même que la main sert instantanément à celui dont le vêtement est dérangé, pour couvrir sa nudité, l'ami sert à délivrer sur-le-champ celui qui souffre, de sa douleur.

749. Quelle est le siège de l'amitié? Le pouvoir de se maintenir fermement partout où l'on se rencontre et en parfaite union, dans les actes vertueux.

750. C'est une piètre amitié que celle de ceux qui se vantent en disant: " combien je l'aime! Combien il m'aime!"

CHAPITRE LXXX.

L'Epreuve de l'amitié.

75.1 Ceux qui sont liés d'amitié ne se séparent pas l'un de l'autre. Il n'y a donc pas de mal pire que se lier d'amitié sans épreuve préalable.

752. Se lier d'amitié avec quelqu'un, sans avoir éprouvé souvent et de différentes façons (son caractère et ses actes) cause la douleur qui fera mourir à la fin.

753. Liez-vous d'amitié avec quelqu'un dont vous avez éprouvé les qualités, les défauts, et dont vous connaissez la famille et les parents qui sont sans tare.

754. Il faut obtenir même en donnant (quelque chose), l'amitié de celui qui est né dans une noble famille et qui a honte du déshonneur.

755. Rechercher après examen, l'amitié de celui qui a le talent de voos faire regretter la pensée d'un acte contraire aux usages du monde, de vous blâmer si vous l'avez commis et de vous engager à tenir une conduite conforme (aux usages du monde).

756. Le malheur est un instrument qui mesure l'amitié des parents; il y a donc dans le malheur, une bonne expérience à acquérir.

757. Le bénéfice de quelqu'un, c'est d'abandonner l'amitié des sots et de s'en séparer.

758. Ne pas penser aux actes qui ont pour effet de déprimer l'énergie; de même ne pas se lier d'amitié avec ceux qui abandonnent dans le malheur.

759. L'amitié de ceux qui abandonnent dans le desastre, brûle le cœur, lorsqu'on y pense, même au moment de la mort.

760. Cultiver l'amitié des hommes purs, abandonner celle des hommes qui ne se conforment pas (aux us et coutumes), même en leur faisant un présent.

CHAPITRE LXXXI.

De l'intimité.

761. Qu'est ce que l'intimité? c'est l'amitié qui approuve sans reserve tous les actes faits par droit de vieille affection.

762. Ce qu'on fait par droit d'amitié constitue le corps de l'amitié: le devoir des Sages est donc de se rendre digne de ce droit.

763. Quelle est donc l'utilité de la vieille amitié si l'on n'a pas la longanimité de considérer comme les siens propres, les actes faits par droit d'amitié?

764. Si comptant sur leur intimité, les amis agissent sans vous consulter, les amis intelligents désirent de tels agissements, parce que, de leur nature, ceux-ci sont désirables.

765. Si, les amis font ce qui doit être réprouvé, tenir pour constant que c'est, ou par ignorance ou par droit d'intimité.

766. Ceux qui se tiennent dans les liens de l'amitié sans en depasser les bornes, n'abandonnent pas leurs vieux vrais amis, même si ceux-ci ont causé leur ruine.

767. Les amis unis par une vieille affection, ne renoncent pas à leur l'affection, même vis-à-vis de ceux dont les actes leur ont causé préjudice.

768. Pour ceux qui ont la délicatesse de ne pas prêter oreille aux imputations relatives aux fautes des amis, le jour où ces fautes sont commises est un jour avantageux.

769. Celui qui ne renonce pas à une amitié vieille et incessante. à cause des fautes de l'ami est loué par le monde.

770. Celui qui ne se départit pas de son affection envers les vieux amis, qui se sont rendus coupables de fautes, est désiré même par les ennemis.

CHAPITRE LXXXII.

L'amitié nuisible.

771. Il est bon que l'amitié des gens sans qualités, qui semblent, même vous dévorer (par excès d'affection), décline au lieu de croître.

772. Quel Bien y a-t-il d'avoir l'amitié des trop intéressés qui vous aiment tant qu'ils y ont profit et vous abandonnent dans le malheur? Quel mal y a-t-il de la perdre ?

773. Les amis qui n'apprécient que les avantages de l'amitié, sans en sentir l'intensité, les prostituées qui ne considèrent que le prix à elles donné et les voleurs sont égaux (entre eux).

774. L'isolement est préférable à l'amitié des illetrés qui ressemblent au coursier non dressé, lequel désarçonne le cavalier sur le champ de bataille.

775. Il vaut mieux n'avoir pas, qu'avoir l'amitié nuisible des gens vils, car bien que faite, elle est impropre à la protection.

776. La haine des hommes intelligents vaut dix millions de fois mieux que la très vive amitié des niais.

777. Les maux occasionnés par la haine des ennemis sont cent millions de fois préférables aux jouissances procurées par les compagnons de débauche et les danseurs sur perche.

778. Laisser tomber sans les prévenir, l'amitié d ceux qui font échouer vos entreprises.

779. Le souvenir de l'amitié de ceux qui disent une chose et en font une autre est cuisant, même dans le songe.

780. Eviter l'amitié, si faible soit-elle, de ceux qui déclarent vous aimer en particulier et vous dénigrent en public.

CHAPITRE LXXXIII.

L'amitié impossible.

781. L'amitié de ceux qui ne sont vos amis que parcequ'ils n'ont pas trouvé l'occasion (de vous nuire) est l'enclume (sur la quelle ils vous aplatiront), s'ils en trouvent l'opportunité.

782. L'amitié de ceux qui n'aiment pas avec toute l'affection des parents, change comme le cœur de la femme.

783. Bien qu'il étudie divers bons ouvrages, il est impossible à un ennemi de se couvertir en ami.

784. Il faut craindre les hypocrites qui vous abordent le sourire aux lèvres, mais qui gardent toujours la haine dans le cœur.

785. La morale défend de vous lier d'amité avec ceux dont le cœur ne bat pas à l'unisson avec le vôtre, mais qui disent seulement de bonnes paroles

786. Bien que l'ennemi dise, comme l'ami, des paroles qui font du bien, leur nocivité est sontie tout de suite.

787. Ne pas croire, que les paroles respectueuses de l'ennemi signifient l'intention de vous faire du bien; car la tension de l'arc est le signe de sa propriété de faire du mal.

788. Pour ceux qui savent discerner, une arme peut être cachée dans les mains jointes de l'ennemi (signe du respect); il en va de même de ses larmes.

789. (La Justice Royale) témoigne beaucoup d'affection au dehors, engage les ennemis qui la haissent à s'en réjouir; mais a la propriété de les tuer secrètement.

790. Lorsqu'arrive le temps où les ennemis deviennent amis, présentez leur bon visage, mais intérieurement évitez leur amitié, pour l'abandonner définitivement.

CHAPITRE LXXXIV.

De l'ignorance.

791. Qu'est ce que l'ignorance? C'est agripper ce qui est pernicieux et rejeter ce qui est profitable.

792. L'ignorance de toutes les ignorances, c'est désirer faire les actes interdits.

793. N'avoir pas honte des actes honteux, ne pas faire son devoir, tenir envers tous un langage cassant, ne pas respecter ceux ou ce qu'il faut respecter: c'est le propre de l'ingnorant.

794. Il n'y a pas de plus ignorants que ceux qui ont fait de bonnes études, qui ont compris la

profit de l'étude, qui ont enseigné aux autres, mais qui ne conforment pas leur conduite à l'enseignement des livres.

795. L'ignorant se rend digne par ses actes, d'entrer dès cette naissance dans l'enfer, où ne vont cependant les hommes, qu'après sept naissances.

796. Si le sot qui ne connait pas la manière d'agir entreprend une affaire, non seulement gâte l'entreprise mais aussi se rend digne d'une condamnation aux fers.

797. Si (par un coup du destin), l'ignorant acquiert une grande richesse, les étrangers qui n'y ont aucun droit seront rassasiés et les siens qui ont tous les droits seront affamés.

798. S'il obtient un objet (de valeur), l'ignorant se comporte comme le fou qui s'est enivré.

799. Les ignorants ne souffrent nullement de la séparation, quand elle se produit. Rien donc de plus délicieux que l'amitié mutuelle des ignorants.

800. L'entrée de l'ignorant dans une assemblée de Sages équivaut (au fait) de placer le pied non lavé (sale) sur la couchette.

CHAPITRE LXXXV.

L'ignorance prétentieuse.

801. La plus grande de toutes les pauvretés est celle de l'esprit ; le monde ne considère pas les autres pauvretés comme telles.

802. Si celui qui est dénué d'intelligence donne de plein gré quelque chose à un autre, la cause en est la bonne fortune de celui qui reçoit et rien d'autre.

803. Il est difficile, à ceux qui sont dénués d'intelligence, de causer à leurs ennemis les ennuis qu'ils s'attirent eux-mêmes.

804. Qu'est ce que l'ignorance ? C'est l'illusion de se croire intelligent.

805. Les ignorants prétendent connaître les livres qu'ils n'ont pas en réalité étudiés. Cette prétention fait douter même de leurs vraies connaissances.

806. Si l'on ne s'est pas corrigé de ses défauts, croire avoir caché sa nudité avec un vêtement, c'est l'ignorance.

807. L'ignorant qui n'a pas profité d'un enseignement précieux est l'artisan de ses propres calamités.

808. L'ignorant ne fait jamais ce qu'on lui recommande ; il est incapable de discerner lui-même le Bien. Sa vie, tant qu'elle n'a pas quitté le corps, est une maladie (pour le monde).

809. Qui tente d'instruire celui qui n'a pas la capacité de s'instruire est raillé par ce dernier et finit par devenir lui-même ignorant, et l'ignorant prétentieux s'ancrant dans son point de vue, finit par se croire intelligent.

810 Celui qui nie ce que tous affirment sera considéré sur cette terre, non comme un homme mais comme un démon.

CHAPITRE LXXXVI.

La défiance.

811. Le vice qui développe chez tous les êtres, le malfaisant esprit de la discorde est appelé défiance.

812. Si quelqu'un fait des actes que tu réprouves par la pensée de ne pas se lier avec toi, il est noble de ne pas lui rendre le mal, par défiance.

813. Se guérir de la maladie de la défiance, qui cause la douleur, procure une gloire indestructible et sans tâche.

814. L'absence de la défiance, qui est le plus grand de tous les maux, procure le plus grand de tous les bonheurs.

815. Qui donc peut se flatter de triompher de l'homme qui vit, en chassant la défiance de son esprit ?

816. L'existence de celui qui prend plaisir à se défier de tout le monde se gâte vite et disparait aussi rapidement.

817. Celui qui a l'esprit malfaisant de la défiance, ignore la vraie science qui apprend à vaincre (les sens).

818. Dompter la défiance, dès qu'elle pointe dans l'esprit, c'est s'enrichir ; y succomber au contraire, c'est s'attirer des malheurs.

819. Quand un homme s'enrichit, il ne pense pas à se défier (bien qu'il ait pour cela des motifs réels); mais quand il s'appauvrit, il y pense beaucoup (en l'absence de tout motif).

820. La défiance à elle seule cause tout le mal; la confiance au contraire, engendre la bonne harmonie qui est une richesse fructueuse.

CHAPITRE LXXXVII.

Caractéristique de l'inimitié.

821. Eviter de vous faire l'ennemi du plus puissant que vous, désirer sans cesse de ne pas devenir l'ennemi du plus faible que vous.

822. Voici (un prince) qui n'a pas d'affection (pour ses parents), qui n'a pas de puissants alliés et qui ne possède pas de forces suffisantes. Comment échappera-t-il aux forces ennemies ?

823. Voici (un prince) qui est poltron, ignorant, qui ne vit pas en paix (avec ses voisins) et qui est avare. Il est la proie facile de ses ennemis.

824. Tel autre (prince) est revêche et incapable de garder le secret. Il est aisé à quiconque d'en avoir raison, tous les jours et en tout lieu.

825. L'inimitié de celui qui n'étudie pas les sciences politiques, ne conforme pas ses actes à leurs prescriptions, ne voit pas le malheur qui l'atteint et est sans caractère, est douce à ses ennemis.

826. Est recherchée (par ses ennemis) l'inimitié de celui qui se livre à la colère, la quelle empêche de se connaître et de connaître les autres et qui est adonné à la luxure.

827. Il faut obtenir sûrement, même au prix d'une grosse dépense, l'inimitié de celui qui entreprend une affaire, mais qui fait des actes incompatibles avec son succès.

828. Celui-ci n'a pas de qualités mais a beaucoup de Vices. Aussi n'a-t-il pas d'amis. Cette situation le rend lui-même, l'ami de ses ennemis.

829. C'est un vil plaisir que de vaincre les ennemis ignorants et qui de plus sont lâches.

830. La gloire fuit pour toujours celui qui ne retire pas le mince profit résultant de l'inimitié des illetrés.

CHAPITRE LXXXVIII.

Appréciation de la valeur de l'ennemi.

831. Ne jamais rechercher, même en plaisantant le mal funeste appelé inimitié.

832. Quand même il t'arrive d'encourir la haine de ceux qui ont le javelot pour arme, garde-toi de t'exposer à celle de ceux qui ont la langue pour arme (Ministres).

833. Celui qui a une multitude d'ennemis et par suite reste isolé, est le plus insensé des fous.

834. Le monde se fait asservir par l'éclat (du Roi) qui a le tact de se faire, à l'occasion, de ses ennemis, des amis.

835. Quelqu'un n'a pas d'allié et a deux ennemis. Qu'il s'éfforce d'attirer à ses côtés, l'un de ces derniers.

836. Que tu aies discerné ou non ton ennemi, ne t'allie-pas avec lui, ni ne te l'aliène dans le temps du malheur, mais laisse le dans l'indifférence.

837. Ne jamais révéler sa maladie aux amis qui ne la connaissent pas. Ne jamais montrer non plus sa faiblesse, à l'ennemi qui l'épie.

838. Si tu connais la manière (de t'y prendre), si tu prends les mesures nécessaires pour réussir, et si tu sais te garer avec vigilance, l'ennemi sera mortifié dans son orgueil.

839. Abattre les arbres épineux quand ils sont jeunes ; si on les laisse croître, leurs épines blesseront la main qui cherchera à les abattre.

840. (Le Roi) qui dédaigne d'abattre l'orgueil de ses ennemis, ne mérite certainement pas de vivre.

CHAPITRE LXXXIX.

Haine intérieure.

841. L'ombre et l'eau occasionnant des maladies ne sont pas bienfaisantes, quoi qu'elles soient, indispensables ; il en va ainsi des parents, qui causent des douleurs.

842. Ne pas redouter les ennemis qui, comme l'epée tirée, sont déclarés, mais craindre l'amitié de ceux dont la haine, comme celle des parents, est cachée.

843. Appréhender les ennemis cachés et se garer contre eux ; autrement dans les moments du malheur, ils trancheront comme la lame du potier.

844. Si (le Roi) a des ennemis cachés sous un dehors affable, ils lui feront faire toutes les fautes de nature à lui aliéner le dévouement de ses parents.

845. Si (le Roi) a des parents dont la haine est cachée sous une apparence affectueuse, ils lui causeront une multitude de maux mortels.

846. Si la haine se met dans l'entourage (d'un Roi), il lui sera difficile même de ne pas mourir.

647. Bien qu'ils semblent être unis à toi, comme le couvercle ferme un vase en cuivre, les parents à haine cachée ne sont pas unis, en réalité à toi.

848. La famille en proie à l'inimitié intestine sera détruite, comme le fer qui est réduit en poussière par la lime.

849. L'ennemi caché (du Roi), bien que petit (par rapport à sa puissance), comme la déchirure d'un grain de sésame, renferme le germe de la ruine de toute sa puissance.

850. La vie que l'on mène avec des personnes qui ne sont pas unies par le cœur, ressemble à celle que l'on mène, dans une chaumière habitée par un serpent.

CHAPITRE XC.

Ne pas mépriser les grands (Hommes).

851. Le premier de tous les soins pour se protéger contre les maux, c'est de ne pas mépriser le pouvoir de ceux qui peuvent faire aboutir les entreprises.

852. (Le Roi) qui se conduit sans honorer les Grands, s'attire de leur part, des souffrances inévitables.

853. Que (le Roi) qui désire sa propre destruction, se rende, sans se conformer aux prescriptions de la Morale, coupable de fautes, envers (les Rois) qui ont le pouvoir de tuer sur-le-champ les Rois (voisins.)

854. Si le faible offense le puissant, il fait signe de la main à Yamen (dieu de la Mort qui vient de lui-même), de venir à lui.

855. Où donc se réfugiera-t-il (pour lui échapper) le Roi qui s'est attiré la colère d'un autre, qui a une armée puissante ? Il ne pourra vivre nulle part.

856. Celui qui est surpris dans une forêt embrasée peut encore s'échapper vivant ; mais celui qui fait du tort aux grands (que leur pénitence a rendu puissants) ne vivra pas.

857. Que deviendront le Royaume embelli (par les Ministres, l'armée, la forteresse et le pays) et les richesses accumulées du Roi, qui s'est attiré la colère des glorieux ascètes, reputés par leur don de maudire ?

858. Les Riches qui semblent s'être enracinés dans ce monde, se perdront instatanément avec leur famille, si les pénitents qui sont inébranlables comme le roc, songent à leur destruction.

859. Indra (Roi des dieux) perdra son trône et se perdra lui-même, si ceux qui ont réalisé de hautes austérités, difficiles à observer, sont irrités contre lui.

860. Ceux même qui ont de très puissants soutiens n'échapperont pas à la colère de ceux qui ont de nombreuses et rares mortifications à leur actif.

CHAPITRE XCI.

Soumission à la femme.

861. Celui qui aime éperdûment sa femme et satisfait tous ses désirs n'acquiert pas la vertu qui est sa délicieuse compagne. Cet amour est méprisé par celui, qui s'efforce d'acquérir la richesse.

862. La fortune de celui qui préfère à sa masculinité la qualité féminine de sa femme, est une grande honte, non seulement pour les hommes, mais aussi pour lui-même.

863. La peur, qui est la cause de l'humiliation de quelqu'un devant sa femme, le fait toujours rougir, quand il se présente devant les Bons (qui n'ont pas cette peur).

864. Qui tremble devant sa femme n'obtiendra pas son salut. De plus, s'il a le talent de gérer sa fortune, ce talent ne sera pas considéré par les Bons.

865. Qui craint sa femme craindra toujours d'obliger les bonnes gens, avec son pécule qu'il aura cependant gagné lui-même.

866. Ceux qui craignent les bras vigoureux de leurs épouses, bien qu'ils vivent comme des héros qui ont gagné le ciel par leur bravoure, n'ont pas de virilité.

867. La qualité féminine, de la femme, qui a de la pudeur, est supérieure en dignité, à la masculinité de celui qui fait, sans rougir, le service commandé par sa femme.

868. Ceux qui se conduisent non selon leur gré, mais suivant le caprice de leur femme, ne subviendront pas aux besoins de leurs amis ni ne feront le Bien qui conduit au ciel.

869. La charité, la richesse (qui permet de faire la charité) et les actes délicieux ne se rencontrent pas chez ceux qui sont au service de leur femme.

870. Ceux qui ont l'esprit ferme et livré à la réflexion ne cèdent jamais à la sottise de raffoler de leur femme.

CHAPITRE XCII.

Les prostituées.

871. Les paroles délicieuses des femmes qui portent bracelets et qui désirent un homme, par amour de son argent et non par amour de lui-même, engendrent la douleur dans la suite.

872. Considérer la conduite des femmes sans qualité qui, en raison de la fortune de quelqu'un, vantent auprès de lui leurs propres qualités et, au lieu de s'unir à elles, les fuir.

873. Le faux embrassement des femmes vénales ressemble au toucher des croquemorts qui touchent, dans une chambre obscure, le cadavre d'un étranger.

874. Les gens d'esprit, qui recherchent et pratiquent la vertu, ne désirent pas la vile beauté des femmes qui, méprisant l'amour, ne convoitent que l'argent.

875. Ceux qui sont reputés par leur intelligence naturelle encore enrichie par les connaissances acquises par l'étude, méprisent la beauté abjecte des femmes qui, se livrent à tous ceux qui leur donnent de l'argent.

876. Les hommes nobles, dont l'intelligence et la bonne conduite repandent leur réputation dans le monde; ne touchent pas les bras des

femmes qui vendent leur vile beauté pour de l'or, à tous ceux qui sont charmés (par leur danse, leur chant et leur beauté).

877. Seuls, ceux qui n'ont pas la plénitude de la sagesse, touchent les bras des femmes dont le cœur n'aspire qu'à l'or, et dont le corps s'unit à ceux qui le donnent.

878. Pour les hommes, incapables de comprendre l'astuce des femmes fourbes qui trompent par leur beauté, leurs paroles et leurs actes, l'union de celles-ci est, dit on, le charme des sirènes.

879. Les bras délicats des femmes ornées de bijoux qui s'unissent à tous ceux qui les paient, sans distinguer les nobles des vils, sont l'enfer où s'ensevelissent les vils ignorants.

880. Les femmes à double cœur, l'alcool et le jeu, font les délices de ceux qui sont abandonnés par la Divine Fille (déesse de la Fortune.)

CHAPITRE XCIII.

L'abstinence de l'alcool.

881. (Les Rois) qui vivent avec l'amour de l'alcool ne sont jamais craints de leurs ennemis, et de plus, perdent la gloire acquise

882. Que (les gens d'esprit) ne boivent pas l'alcool, (qui émousse l'intelligence) et s'il y a des hommes qui désirent boire, que ceux qui ne recherchent pas l'estime des gens honorables boivent.

883. Se délecter à boire de l'alcool fait souffrir sa propre mère. Que doit-il en être, pour les hommes sages (qui ne peuvent supporter aucun vice)?

884. La qualité qui s'appelle pudeur tourne le dos à ceux qui sont adonnés à l'affreux vice de l'ivrognerie, que tout le mondeméprise.

885. Acquérir l'oubli de soi-même, en dépensant son propre argent, est la cause de l'ignorance du devoir, fruit des actes antérieurs.

886. Ceux qui dorment ne sont autres que les morts; de même ceux qui boivent de l'alcool ne sont autres que ceux qui absorbent du poison.

887. Ceux qui boivent en cachette et perdent ensuite connaissance, sont toujours la risée des habitants de la ville qui découvrent la vérité.

888. Que ceux qui ont bu ne se donnent pas pour sobres, car la faute cachée apparait avec évidence.

889. Chercher à corriger un ivrogne, en lui citant un autre ivrogne comme exemple, équivaut à chercher un noyé avec une lampe.

890. L'ivrogne qui rencontre un homme ivre, lorsqu'il n'a pas bu lui-même, ne se rend pas compte de l'état pitoyable où lui-même s'est trouvé, lorsqu'il avait bu.

CHAPITRE XCIV.

Le jeu de hasard.

891. Que l'on ait horreur du jeu de hasard, même si l'on a l'habileté de gagner, car ce gain ressemble à l'hameçon amorcé, qui est dévoré par le poisson.

892. Y a-t-il en vérité, une voie de vivre prospères en vertus et en richesses, aux joueurs qui gagnent un, contre cent qu'ils perdent ?

893. La richesse acquise et la source des revenus abandonnent, pour se réfugier en des mains ennemies, (le Roi) qui parie constamment ses Biens, sur les dés qui roulent.

894. Il n'y a rien qui conduit aussi sûrement à la misère, que le jeu de hasard qui, outre qu'il cause une multitude de maux, ruine la gloire acquise.

895. (Les Rois) qui ont aimé le jeu, qui ont raffolé de la maison du jeu et qui ont été fiers de leur habileté à lancer les dés, ont vécu pauvres, bien qu'ils eussent eu des richesses.

896. Ceux qui sont dévorés par la déesse de la Misère qui, trouvant peu glorieux de dire son nom, s'appelle Jeu, ne seront pas rassasiés en ce monde et dans l'autre, et endureront les souffrances de l'enfer.

897. (Le Roi) qui dépense, dans la maison du jeu, tout le temps destiné à acquérir les vertus, les Biens et les plaisirs, perd les richesses à lui transmises par ses ancêtres et ses bonnes qualités.

898. Le Jeu ruine la fortune de celui qui s'y livre, l'oblige à préférer le mensonge, éteint la grâce dans son âme et lui procure la misère, dans cette vie et dans l'autre.

899. La gloire, la science, la fortune, l'aliment et le vêtement : ces cinq choses s'écartent du Roi qui prend le jeu pour son compagnon de divertissement.

900. Plus le joueur perd, plus il aime à jouer. De même, plus l'âme endure de souffrances, plus elle aime à vivre.

CHAPITRE XCV.

Le médicament.

901. Les humeurs et gaz qui engendrent les maladies, par suite de l'excès ou de l'insuffisance de la nourriture et de l'activité sont, d'après

le compte de ceux qui ont traité de la Médecine, au nombre de trois, à commencer par l'a flatuosité.

902. Le corps n'exige pas de remède, si l'on ne mange qu'après s'être bien assuré, que ce que l'on a mangé a été digéré.

903. Si la digestion s'est faite, que l'on prenne de nouveaux aliments, en en connaissant la mesure: tel est le moyen de conserver pour longtemps le corps.

904. Attendre que la digestion soit faite, et que l'appétit soit aiguisé; prendre ensuite les aliments qui ne sont pas contraires au tempérament, d'après l'expérience.

905. La vie ne court aucun risque si l'on prend des aliments qui conviennent, non dans la mesure exigée par le goût, mais dans celle qui évite les maladies.

906. La santé fleurit chez celui qui se nourrit ainsi connaissant le bien qui résulte d'une alimentation sobre; de même la maladie n'abandonne pas celui qui se nourrit à l'excès.

907. Si, sans connaître (la nature de son estomac la nourriture et le temps qui lui conviennent), on mange plus que ne peut le rendre assimilable le suc gastrique. les maladies iront en se compliquant.

908. Que (le médecin) diognostique avec soin la maladie, qu'il en découvre la cause, qu'il sache le moyen de la guérir, et qu'il l'emploie sans commettre d'erreur.

909. Que le Docteur (en médecine) tienne compte de la force du malade, de la gravité de la maladie et de l'occasion. Qu'il agisse ensuite selon les prescriptions de la science !

910. Le médicament doit être considéré à quatre points de vue : le malade, le médecin, le remède et celui qui prépare le remède, (le pharmacien).

SECTION 3.

Appendice

DES SUJETS DIVERS.

CHAPITRE XCVI.

La respectabilité de la naissance.

911. La droiture et la pudeur tout unies, ne se rencontrent naturellement que chez ceux qui sont nés dans une famille honorable.

912. Bonne conduite, probité et pudeur: ces trois qualités sont innées chez ceux qui sont nés dans une bonne famille.

913. Le visage épanoui, la libéralité, la bonne parole et la considération : tels sont les quatre attributs, propres à ceux qui sont nés dans une famille de sang non mêlé.

914. Ceux qui sont nés dans une famille honorable ne se livrent pas à des actes qui portent atteinte à la bonne conduite, même pour gagner des dix millions accumulés sur des dix millions.

915. Ceux qui sont nés dans une vieille famille, ne changent pas leur naturel de faire des libéralités, même lorsque leur avoir a diminué.

916. Ceux qui veulent se conformer aux traditions d'une famille sans tâche et qui, de fait vivent ainsi, ne font pas des actes frauduleux, ni ceux qui ne leur siéent pas.

917. Les fautes de ceux qui sont issus d'une noble famille, (si legères soient-elles), paraissent énormes, comme les taches de la lune.

918. Si la dureté de cœur apparait chez quelqu'un, qui descend d'une noble famille, (le monde) soupçonne la légitimité de sa naissance.

919. La nature du sol est démontrée par la plante qui y pousse. De même la noblesse d'une famille est démontrée par le langage de ceux qui y sont nés.

920. Si quelqu'un aspire au Bien, il faut qu'il ait la pudeur. S'il aspire à l'honneur de la famille il doit être humble envers tous.

CHAPITRE XCVII.

De l'honneur.

921. S'abstenir des actes qui dégradent l'honneur de sa famille, si même ils doivent procurer une gloire rare à obtenir.

922. Ceux qui désirent conserver intact leur honneur ne se livrent pas aux vils actes, qui dégradent l'honneur de leur famille, ne serait-ce que pour acquérir la gloire.

923. Aux hommes bien nés, l'humilité est nécessaire lorsqu'ils prospèrent; et une allure pleine de majesté, lorsqu'ils déclinent.

924 Les hommes qui appartiennent à une bonne famille ressemblent, lorsqu'ils sont dégénérés aux cheveux qui tombent de la tête.

925. Ceux qui sont grands (de par la noblesse de leur famille) comme une montagne, se ravalent, lorsqu'ils font un acte vil aussi petit qu'un grain de pois d'Amérique.

926. Suivre ceux qui vous méprisent et vous tenir derrière eux, ne procurent pas la gloire en ce monde ni en celui des dieux? Quel autre profit pouvez-vous en retirer ?

927. Il vaut mieux mourir dans la pauvreté que vivre aux dépens de ceux qui vous méprisent.

928 Lorsqu'il arrive de perdre l'honneur qui est la force de la noblesse, vivre (au lieu de mourir) pour conserver le corps, constitue-t-il un remède à l'immortalité ?

929. Ceux qui ressemblent au cerf appelé Cavary qui perd sa vie en perdant un brin de sa laine, mettent fin à leurs jours, lorsqu'ils ne peuvent sauver leur honneur.

930. Le monde célèbre toujours la gloire des hommes qui se tuent, pour ne pas subir un déshonneur.

CHAPITRE XCVIII.

La Grandeur.

931. La grandeur est le zèle d'accomplir un fait' difficile au commun des hommes. La petitesse est de vivre sans ce zèle.

932. La naissance est commune à tous les hommes, la grandeur ne l'est pas, à cause de la diversité de la conduite de chacun.

933. Ceux qui n'ont pas accompli des actes dignes de remarque, ne deviennent pas grands, par le fait d'être assis sur des sièges; ceux qui ont de nobles faits à leur actif, ne deviennent pas petits, par le fait d'être assis par terre.

934. A la grandeur d'âme, celui qui a le pouvoir de se préserver (de toute faute), comme la femme qui a la fermeté de caractère, pour préserver (sa chasteté).

935. Ceux qui ont (ainsi acquis) la grandeur, ne se privent pas (même en proie à la misère), de faire les choses qui sont difficiles (pour les autres) et ont la puissance de les mener à bonne fin, par des moyens adéquats.

936. La résoluiticn de vénérer les grands et de s'approprier leurs qualités ne germe pas, dans l'esprit des vulgaires.

937. Si jamais le beau projet de vivre soumis aux grands se forme chez les gens de petit esprit, cela leur fait bientôt oublier le respect et les conduit plutôt à l'insolence.

938. Ceux qui ont la grandeur d'âme vivent toujours modestement et sans prétention ; mais ceux qui ont la petitesse d'esprit vantent partout leurs talents.

939. La qualité de la grandeur, est l'absence de l'arrogance, celle de la bassesse d'esprit est de finir dans l'arrogance.

940. Ceux qui ont la grandeur (d'âme) cachent les fautes du prochain; au contraire ceux qui ont l'esprit mesquin font du scandale, en les publiant.

CHAPITRE XCIX.

Pratique de la vertu.

941. Ceux qui, connaissant leurs devoirs, et ayant de bonnes dispositions pour les remplir, désirent pratiquer la vertu, ont naturellement, toutes les bonnes qualités.

942. L'excellence des gens vertueux n'est que l'excellence de leurs qualités; celle des organes n'est pas excellence.

943. L'affection envers tous, la honte des péchés, le secours aux infortunés, le culte des anciens et la véracité : voilà les cinq piliers qui supportent l'édifice de la vertu.

944. L'austérité: c'est ne pas tuer aucun être vivant ; la vertu: c'est ne pas révéler les fautes d'autrui.

945. L'habileté de faire réussir une entreprise réside dans l'humilité, avec laquelle on s'associe avec des gens compétents, c'est encore l'humilité, qui est l'arme des hommes vertueux, pour détruire la haine des ennemis.

946. La pierre de touche de la vertu est la reconnaissance de la Supériorité, même lorsqu'elle se rencontre chez les inférieurs.

947. Quel est donc le mérite de la vertu si l'on ne rend pas le bien à ceux qui vous ont fait du tort (offensés) ?

948. La pauvreté n'est pas honteuse, pour celui qui a la force appelée vertu.

949. Ceux qui sont le palladium de la vertu, restent fermes, ne s'écartent pas du (bon chemin), même si l'océan se soulève et deferle par dessus les bords, grâce au changement du temps.

950. Si les hommes vertueux négligent la pratique de la vertu, la vaste terre elle-même ne pourra plus supporter son propre poids.

CHAPITRE C.

Civilité.

951. Il est aisé d'acquérir la précieuse qualité appelée civilité, en se montrant affable envers tous.

952, L'affection envers tous et la naissance dans une famille honorable sont tous les deux, le moyen d'acquérir la civilité.

953. La ressemblance des corps n'est pas ressemblance; celle des manières polies est la vraie ressemblance des hommes.

954. Le monde loue la civilité de ceux qui se rendent utiles au prochain et à eux mêmes, par leur amour de la justice et de la vertu.

955. Dénigrer quelqu'un, même par plaisanterie, lui cause la douleur; ceux qui se conduisent en connaissance des dispositions des autres qu'ils soient même ennemis, font preuve de civilité.

956. La terre va son train ordinaire, parce qu'il y a toujours des hommes de savoir-vivre. Autrement, elle se réduira en poussière.

957. Ceux qui manquent de civilité, bien qu'ils soient mordants comme la lime, ressemblent aux arbres, (qui n'ont qu'un sens : le toucher).

958. C'est une faute que d'être impolis à l'égard de ceux qui ne sont pas amis, qui sont même ennemis.

959. Cette vaste étendue de terre n'est pas eclairée même en plein jour, à ceux qui ne peuvent se réjouir avec tous, parce qu'ils n'ont pas la civilité.

960. La grande fortune que possède l'homme grossier est semblable au bon lait altéré par l'impureté du récipient qui le contient.

CHAPITRE CI.

Richesse inutile.

961. Celui qui a acquis une immense richesse, de manière à en remplir toute sa maison et qui n'en jouit pas par avarice, n'a aucun droit d'en disposer ; donc il est mort pour elle.

962. Le vertige de l'avarice, lequel s'empare de l'homme, qui sachant que tout s'acquiert par la richesse, amasse celle-ci sans jcmais rien donner à personne, le fait renaître démon.

963. Est un fardeau pour la terre, la naissance de ceux qui n'ont d'attention que pour acquérir la richesse plus que leur voisin et qui ne désirent pas la gloire.

964. Que compte-t-il donc laisser lui survivre ici-bas, celui qui n'est aimé de personne, (parce qu'il n'a jamais rien donné) ?

965. Ceux qui n'ont pas les deux qualités : de donner et de jouir, ne possèdent rien (en réalité), bien qu'ils aient un crore (dix millions) de fortune entassés.

966. Celui qui n'a pas la vertu de jouir lui-même et de donner aux hommes dignes d'être secourus, est une maladie pour la richesse.

967. La richesse de celui qui ne donne rien aux pauvres, ressemble à la fille qui a toutes les qualités, mais qui vieillit dans le célibat.

968. La richesse de celui qui n'est pas aimé (des pauvres) est semblable au strychnos planté au milieu de la ville et qui est chargé de fruits mûrs.

969. L'opulente richesse, gagnée par celui qui a dédaigné de se faire aimer, (des parents et amis), qui s'est imposé des privations et qui n'a jamais songé à faire la charité, sera ravie par les étrangers.

970. La courte détresse des Riches, qui sont réputés par leur bienfaisance, a le même caractère que les nuages. (Elle semble considérable mais ne dure pas.

CHAPITRE CII.

Caractères de la pudeur.

971. Rougir des actions viles : c'est la pudeur. Les autres hontes (causées par la défectuosité des organes des sens), ressemblent à la pudeur des filles de famille, au joli front.

972. La nourriture et le vêtement ainsi que leur défaut sont communs à tous les êtres vivantes mais la parure des hommes : c'est la pudeur.

973. Toutes les vies ont pour siège le corps (et ne le quittent pas). La plénitude des bonnes qualités a pour siège la pudeur (et a ne la quitte pas non plus).

974. La pudeur n'est-elle pas la parure des gens de Bien ? Si elle fait defaut, le grand train des hommes est une affliction pour ceux qui les voient.

975. Le monde dit que ceux qui rougissent également de leurs fautes et de celles d'autrui, sont l'habitation de la pudeur.

976. Les grands hommes ne désirent avoir pour haie (à fin de se protéger) que la pudeur et ne désirent pas acquérir la vaste étendue de la terre.

977. Ceux qui connaissant le mérite de la pudeur la cultivent. sacrifient leur vie pour ne pas la perdre et ne sacrifient pas la pudeur, pour conserver la vie.

978. Si quelqu'un commet sans rougir un acte digne de povoquer la honte des autres, cette absence de pudeur est de nature à faire écarter de lui, toute vertu.

979. Dévier de la bonne conduite ne détruit que la famille (de celui qui dévie). L'absence de la pudeur détruit tous les Biens qui peuvent advenir à l'homme.

980. Le va-et-vient de ceux qui n'ont pas la pudeur dans l'âme, ressemble au mouvement des marionnettes de bois que l'on fait mouvoir avec la ficelle et qui donnent l'illusion d'être vivantes.

CHAPITRE CIII.

Talent de rehausser la famille.

981. Rien de plus noble que le louable effort de celui qui ne se lasse pas de travailler, pour entretenir sa famille.

982. La famille est rehaussée par le travail inlassable, fait avec énergie et plénitude de l'entendement.

983. La Divinité serre ses vêtements et marche devant celui qui est fermement déterminé à faire prominer sa famille.

984. Le succès vient de lui-même à celui qui fait diligemment les affaires de sa famille: il n'a pas besoin de concevoir des plans.

985. Le monde entoure comme un parent, l'homme qui ne commet pas d'iniquités et qui rehausse sa famille.

986. Ce qui s'appelle pompeusement virilité d'un homme, n'est autre que la capacité qu'il se crée de gouverner sa famille.

987. De même que le fardeau de soutenir le choc de la bataille incombe aux valeureux d'entre les soldats : de même le fardeau de supporter la charge de la famille est le propre des puissants parmi les fils de famille.

988. Se ruine, la famille de celui qui n'a d'attention que pour son honneur, et qui, attendant le moment propice pour agir, se tient les bras croisés dans sa dignité. Il n'y a pas d'opportunité pour le chef de famille.

989. Le corps de celui qui protège sa famille contre tout mal, n'est-il pas le réceptacle des tribulations ?

990. Est déracinée et s'abat, tout comme l'arbre (dont la racine est coupée par la cognée,) la famille minée par les malheurs, faute d'un membre qui la soutienne.

CHAPITRE CIV.

L'agriculture.

991. Après avoir parcouru toutes les professions, le monde s'est arrêté à l'agriculture : celle-ci est donc, la profession capitale, en dépit du travail fatigant.

992. Le laboureur est la clavette de la société, parce qu'il soutient tous ses semblables, qui sans pouvoir labourer, embrassent les autres professions.

993. Seul vit indépendant, celui qui vit de l'agriculture, tous les autres sont dans la dépendance, en vivent et servent autrui.

994. Ceux qui font les récoltes et ont ainsi leur propre gloire, verront, sous l'ombrelle de leur souverain, toute la terre rangée sous l'ombrelle des autres Rois.

995. Ceux qui ont pour profession de vivre du produit de leurs cultures, ne mendieront pas : ils feront, sans refuser, l'aumôme à ceux qui la demandent.

696. Si la main du cultivateur ploie sans travailler, ceux même qui ont renoncé à la nourriture désirée par tous, ne pourront persévérer dans leur pénitence.

997. Si, après avoir labouré, on laisse sécher la terre de manière qu'un palom-poids local-de terre soit réduit à un quart de palom de poussière, le champ produira abandamment, sans avoir même besoin d'une poignée de fumier.

998. Fumer vaut mieux que labourer. Après ces deux travaux et après le sarclage, surveiller les cultures vaut mieux qu'arroser.

999. Si le cultivateur ne visite pas tous les jours son champ et n'y fait pas par paresse le nécessaire, le champ le boudera et finira par se fâcher contre lui, tout comme son épouse.

1000. La bonne femme appelée terre rit du fainéant qui crie misère.

CHAPITRE CV.

Amoindrissemeut du bien être.

1001. Qu'est-ce qui fait souffrir comme l'indigence? C'est l'indigence elle-même.

1002. Le misérable état appelée indigence, lorsqu'il écheoit à quelqu'un, lui fait perdre les délices de la terre et du ciel.

1003. La convoitise, provoquée par l'amoindrissement du bien être, ruine les anciens revenus et altère le langage (de celui qu'elle atteint).

1004. L'indigence donne, même à ceux issus d'une honorable famille, l'indignité qui leur fait tenir le langage de la servilité.

1005. Une foule de douleurs sont dissimulées dans le fléau, appelé amoindrissement du bien-être.

1006. Ceux dont le bien-être a diminué ont beau exposer clairement les grandes vérités contenues dans les ouvrages, leur discours paraîtra vide de sens.

1007. Celui dont le bien-être a diminué, s'il n'est pas vertueux, sera considéré comme un étranger, même par sa propre mère.

1008. L'indigence, qui m'a fait souffrir hier, viendra-t-elle encore aujourd'hui (me faire souffrir)?

1009. On peut dormir au milieu des flammes (grâce à des mesures de protection); il n'y a pas de palliatif qui puisse vous endormir, si vous êtes torturé par l'indigence.

1010. Que celui qui n'a rien de ce dont on jouit, renonce complètement à tout! S'il ne le fait pas, il devient le Yemen (dieu de la mort) du sel et du vinaigre (du voisin).

CHAPITRE CVI.

Mendicité.

1011. Demande l'aumône, si tu les rencontres, à ceux qui sont en état de donner. S'ils cachent leur avoir, ce sera leur faute et non la tienne.

1012. Mendier même procure le bonheur, si ce que tu as demandé t'est accordé, sans te faire souffrir aucune humiliation.

1013. C'est même une belle démarche, que demander l'aumône, à ceux qui n'ont pas le cœur de refuser et qui connaissent leur devoir.

1014. Demander la charité à ceux qui ne savent pas, même dans leur songe, cacher ce qu'ils ont équivaut à donner (aux pauvres).

1015. C'est, parce qu'il y a en vérité en ce monde des hommes qui donnent, dès qu'ils les aperçoivent, sans cacher ce qu'ils ont, qu'il y a encore des pauvres qui mendient, pour conserver leur vie.

1016. Toutes les angoisses, qui proviennent de l'indigence à ceux qui conservent leur honneur, s'évanouissent, à la vue de ceux qui ne sont pas affligés de la maladie de cecher ce qu'ils possèdent.

1017. Le cœur du pauvre se réjouit et se dilate, lorsqu'il rencontre des hommes qui donnent, sans le mépriser et sans l'injurier.

1018. S'il n'y a pas de mendients qui mendient, le va et vient des habitants de cette grande étendue de terre aux endroits frais, ressemblera à une danse de marionnettes de bois.

1019. Où serait le mérite de ceux qui donnent, s'il n'y avait pas de mendiants qui désirassent leur demander l'aumône ?

1020. Que le mendiant s'en aille sans se fâcher (s'il n'obtient pas la charité): car sa propre indigence suffit pour lui démontrer, que d'autres peuvent se trouver dans la gêne.

CHAPITRE CVII.

Crainte de mendier.

1021. Il vaut un crore de fois mieux supporter les tortures de la faim, que demander l'aumône, même à ceux qui donnent avec joie et sans cacher ce qu'ils ont.

1022. Si le créateur de la terre a infligé, à ses habitants, le sort de vivre en mendiant au lieu de vivre du produit de leur travail, que ce cruel erre partout comme les mendiants et périsse.

1023. Il n'y a pas de force plus efficiente que celle de l'homme qui décide de corriger par la mendicité, les maux causés par l'indigence.

1024. Tout l'univers ne suffit pas pour contenir la dignité de l'homme, qui se refuse à mendier, même lorsqu'il est réduit à l'extrême dénûment, faute de toutes ressources.

1025. Rien n'est plus délicieux à boire que l'eau claire ou le gruau, que l'on s'est procuré par ses propres efforts.

1026. Il n'y a rien de plus déshonorant pour la langue, que de demander, par compassion, de l'eau pour une vache assoiffée, que l'on a rencontrée mourante.

1027. Je vous le demande en grâce : S'il vous faut absolument mendier, ne demandez pas la charité à ceux qui cachent leur avoir.

1028. Si la pirogue sans conducteur appelée mendicité, où l'on est monté pour franchir l'océan, qui est connu sous le nom d'indigence, se heurte au rocher (qu'est l'homme) qui cache ce qu'il a, elle se fend.

1029. Le cœur fond à penser à l'humiliation de celui qui mendie : mais cette souffrance s'évanouit, lorsqu'on pense à la cruauté de celui qui refuse.

1030. Le refus brutal fait perdre la vie au mendiant. Où est donc la cache, où ira se cacher ensuite la vie de celui qui a refusé ?

CHAPITRE CVIII.

Vileté.

1031. Les vils ressemblent aux hommes (par la forme). Mais nous n'avons jamais constaté une autre ressemblance comme celle-ci, entre deux espèces.

1032. Les vils sont plus heureux que les hommes qui sont à la recherche du Bien, par ce qu'ils n'ont pas le souci dans l'âme.

1033. Les vils sont comme les dieux : les uns et les autres font ce qu'ils veulent, parce qu'il n'y a personne pour les reprimander.

1034. Si l'homme vil rencontre un moins abject que lui, il le surpasse en bassesse et s'en fait gloire.

1035. Si jamais les hommes vils se conduisent bien, la cause en est la crainte du châtiment. A défaut, la satisfaction de leurs appétits y contribue un peu.

1036. L'homme vil ressemble au tambour que l'on bat, parce qu'il colporte partout et dévoile aux autres les secrets qu'il surprend.

1037. Les hommes vils donneront à ceux, qui ont le poing fermé pour leur casser la mâchoire et ne donneront pas aux mendiants, les grains de riz cuit attachés à leurs doigts.

1038. Les hommes vertueux rendent service. dès qu'on leur expose sa misère. Les hommes vils ne se rendent utiles qu'à ceux qui les pressurent, comme la canne à sucre.

1039. S'il rencontre quelqu'un bien vêtu et nourri, l'homme vil est habile à lui découvrir, par envie, des défauts.

1040. Si un malheur lui survient, l'homme vil est propre à se vendre et à faire n'importe quel métier.

LIVRE TROISIEME.

TRAITÉ DE L'AMOUR.

SECTION I.

De l'Union Secrète.

CHAPITRE CIX.

Comment sa beauté le torture.

LUI.

1041. Quelle est cette forme qui a de lourdes boucles d'oreilles? Est-ce une déesse de ce bocage? Ou une espèce de paon spécialement créé (par Dieu) ou une femme humaine? Mon cœur est trop troublé pour le dire.

1042. Le regard qu'elle darde à son tour sur moi a le don d'indiquer qu'elle est une déesse, qui assaillit elle-même et fait souffrir et qu'elle a aussi amené avec elle, une armée pour assaillir.

1043 J'ai entendu parler de l'Exterminateur (Yamen), mais je ne l'avais pas connu. Je l'ai connu maintenant: Il a des yeux qui livrent un combat violent et avec les qualités féminines: (modestie, ingénuité, peur et chasteté).

1044. Les yeux de cet être ingénu qui a les qualités de la femme, semblent dévorer la vie des hommes qui le voient.

1045. Est-ce l'Exterminateur, (puisqu'il me fait souffrir)? Sont-ce des yeux, (puisqu'ils me regardent)? Est-ce une biche, (puisqu'elle a peur naturellement)? Le regard de cette femme a ces trois qualités.

1046. Si les cruelles paupières voilent ses yeux, ceux-ci ne me causeront pas les douleurs qui me font trembler.

1047. Le vêtement qui couvre les seins fermes de cette femme, ressemble à l'œillère d'un éléphant en furie.

1048. Son front brillant a annihilé, à lui seul, ma force, qui fait trembler les ennemis qui ne m'ont pas affronté sur le champ de bataille, mais qui en ont entendu parler.

1049. Alors que son regard, ingénu comme celui de la biche et sa modestie lui sont une parure naturelle, de quelle utilité sont donc ces parures artificielles?

1050. Le vin fait les délices de celui qui le goûte et non, comme l'amour, de celui qui voit (simplement).

CHAPITRE CX.

Sens des signes.

1051 Ses yeux peints ont deux regards, dont l'un me cause la douleur, mais dont l'autre constitue un remède à cette douleur.

1052. Le regard furtif que ses yeux dardent sur moi, à la derobée, n'est pas seulement la moitié de la volupté de l'union, il est plus (que la moitié).

1053 Elle m'a regardé avec affection et a courbé la tête, par honte. Ce geste est l'eau qu'elle a versée, à la jeune plante qu'est notre amour.

1054 Lorsque je la regarde, elle a les yeux fixés sur le sol. Lorsque je ne la vois pas, elle me regarde et se réjouit intérieurement.

1055. Non seulement elle ne me regarde pas directement, mais aussi elle semble fermer un œil pour se réjouir intérieurement.

1056. Extérieurement elle parle comme une étrangère, l'amoureux comprend vite que ses paroles dures émanent d'un cœur qui ne hait pas, mais qu'elles traduisent un obstacle à son amour.

1057. Le langage sévère et le regard furieux des yeux, qui semblent afficher la haine, sont les signes des amants qui (pour le public) se comportent en étrangers.

1058. Mon regard l'apitoie et la fait sourire doucement. Dans ce sourire apparait un bon signe, de la part de celle qui resiste.

LA COMPAGNE.

1059. Le regard indifférent. de ceux qui ne se sont connus auparavant, apparait chez ces amants.

1060. Lorsque les yeux s'unissent aux yeux par les regards, les paroles sont inutiles.

CHAPITRE CXI.

Volupté de l'union.

LUI.

1061. La volupté des cinq sens: vue, ouïe, odorat. goût et toucher a été ressentie simultanément, chez celle-ci aux brillants bracelets.

1062. Le remède a les qualités opposées à celles de la maladie ; (il en va autrement) de celle qui porte cette belle toilette. Elle est elle-même le remède à la maladie (d'amour) qu'elle cause.

1063. Peut-on obtenir sans souffrance les délices du monde de celui qui a les yeux de lotus (Vichnou qu'atteignent ceux qui ont maitrisé les sens), comme celles dont on jouit, en dormant sur les bras délicats de celle que l'on aime ?

1064. Dans quel monde s'est-elle donc procuré ce feu étrange qu'elle me communique, qui brûle l'orsqu'elle s'éloigne et rafraîchit, lorsqu'elle approche ?

1065. Les bras de celle dont la chevelure est pleine de fleurs ont le don de me causer instantanément, chaque délice que je désire, quel qu'il soit.

1066. Les bras de cette jeune ingénue sont faits d'ambroisie palpable, parce que par le simple attouchement, ils raniment ma vie qui dépérissait, faute de la possèder.

1067. L'union de cette fille jolie produit la même volupté que celle éprouvée par le père de famille qui, après avoir servi aux hôtes dans sa maison, tout ce qui avait été acquis par ses efforts, se nourrit de sa part.

1068. L'union, qui ne s'était jamais produite auparavant et qui ne souffre même pas l'air entre eux, donne la volupté aux deux amants.

1069. Bouder, se réconcilier et s'unir : tel est le profit qu'obtiennent les amants, qui se livrent constamment à l'amour.

1070. Plus on apprend dans les livres et à l'aide d'une fine intelligence, plus on sent son ignorance antérieure; plus l'union avec cette jeune fil, le ornée d'or rouge, se repète, plus l'amour pour elle est avivé.

CHAPITRE CXII.

Eloge des qualités.

LUI.

1071. Vive, fleur *Anistcha* ! ta bonne nature l'emporte sur celle de toutes les fleurs; cependant celle que j'aime est d'une nature, encore plus délicate que la tienne.

1072. O mon cœur ! Croyant que les yeux de celle-ci (que seul je vois) ressemblent aux fleurs que tout le monde voit, tu n'a pas été troublé par l'aspect des fleurs ! (Comment donc est ton intelligence ?)

1073. De celle-ci les bras sont longs comme le bambou, la couleur est celle de la tendre feuille, les dents sont semblables aux perles' l'odeur ressemble à l'arome enivrante du parfum et les yeux peints sont perçants comme la flèche.

1074. Si les fleurs "COUVALEY" (violettes) ont la propriété de voir, elles baisseront la tête, par honte de ne pouvoir égaler, en beauté, les yeux de cette femme, parée d'éclatants bijoux et auront leur regard fixé sur le sol.

1075. Sans penser à sa délicatesse elle s'est parée de fleurs "ANISTCHA" non séparées de leur petiole. Hélas ! sa hanche va ployer sous leur fardeau !

1076. Ne pouvant distinguor leur lune (malgré sa grosseur) d'avec la face de ma dame, les corps célestes troublés se sont écartés de leur sphère et vaguent.

1077. (D'où vient lenr trouble)? La lune décroit jusqu'à cesser d'être visible. Elle croit ensuite, pour atteindre la plénitude de son éclat!

1078. Vive la lune! Si tu as la propriété de luire comme le visage de cette femme, tu mériteras mon amour.

1079. O Lune! Si tu dois égaler la face de celle dont les yeux sont semblables aux fleurs, ne te lève pas pour apparaître à tous, mais seulement à moi.

1080. La fleur "ANISTCHA" et le duvet du cygne sont à la plante des pieds des femmes, ce que sont les épines du fruit "NERINDJI" (croix de chevalier).

CHAPITRE CXIII.

Glorification de l'amour.

LUI.

1081. L'humeur secrétée par les glandes placées, sous la gencive (de cette jeune fille) aux paroles tendres, a la saveur exquise du mélange du lait et du miel.

1082 L'amour que j'éprouve pour cette fille ingénue est identique à l'amour de l'âme et du corps.

1083. Va-t-en, toi, image qui te trouves dans la pupille de mes yeux ! Sinon, il n'y a pas de place pour celle au joli front que j'aime !

1084. Celle qui est parée de bijoux choisis, lorsqu'elle s'unit à moi, est comme ma vie, qui vit unie au corps ; lorsqu'elle se sépare de moi elle est comme la mort (qui sépare la vie d'avec le corps)

1085. Si j'oubliais les qualités de cette jeune fille aux yeux étincelants et qui combattent toujours, je m'en souviendrais ! Mais je n'ai jamais connu cet oubli ! (Donc je n'ai pas connu non plus ce souvenir).

ELLE.

1086. Que celles qui croient que celui qu'elles ne voient pas est parti au loin, croient ainsi. Mon amant ne s'en va jamais de mon œil ni ne souffre, lorsque je clignote. Tant il est subtil, mon amant !

1087. Mon amant est dans mes yeux. Pour ne pas le perdre de vue, même un instant (que dure la peinture), je ne peins pas mes yeux.

1088. Mon amant est dans ma gorge. Aussi me gardé-je de prendre une nourriture chaude de peur que cellle-ci ne l'y brûle.

1089. Sachant que mon amant qui est dans mon œil, se cache lorsque celui-ci se ferme, je ne fermerai pas l'œil. Voilà pourquoi, cette ville dit qu'il est cruel, (parcequ'il m'em pêche de dormir).

1090. Il demeure toujours délicieusement dans mon for intérieur. (Ignorant ce fait), cette ville dit qu'il ne m'aime pas (parce qu'il m'a quittée).

CHAPITRE CXIV.

Abandon de la honte.

Les distiques de ce chapitre révèlent une curieuse coutumee pratiquée par les hindous du Dekan, à l'époque où vivait le pöete.

Deux amants s'uinissent secrètement dans le feu de leur passion. Se rendant ensuite compte de l'importance de leur acte, ils cherchent à se marier. Mais ils se heurtent au refus des parents de la fille qui, ignorant la faute de celle-ci, refusent d'admettre dans leur famille, le mari qu'elle a choisi.

Las d'attendre, l'amant communique son projet à ses amis. Ceux-ci assemblent et lient ensemble des branchages de palmier. Ils font asseoir dessus leur ami imprudent et le promènent par tout le village, en chantant des chansons érotiques, où il est

LUI.

1091. A ceux qui se sont délectés à l'amour et qui, séparés, sont torturés par cette passion, il n'y a pas de ressource plus efficiente, que le faisceau de branchages de palmier.

1092. Ne pouvant supporter cette torture. le corps et l'âme ont le courage d'enfourcher (le cheval de) branchages de palmier, en abandonnant la honte.

1093. J'avais auparavant la pudeur et une forte virilité. Et puisque ma passion les repudie je n'ai aujourd'hui que le faisceau de branchages de palmier,sur lequel montent les amoureux

1094. La tempête de l'amour a emporté loin de moi, le radeau destiné à me passer et que constituaient ma pudeur et ma virilité.

---

fait discrètement allusion à la jeune fille intéressée. Bientôt leur clameur parvient aux oreilles des parents de celle-ci. Ils morigénent la fille, crient, tempêtent. Mais que faire. devant le fait accompli? Sur l'intervention des anciens du village, qui leur font entendre raison, ils finissent par donner leur consentement et le mariage est célébré publiquement.

D'où il faut conclure que l'on préférait encore la mésalliance au concubinage, qui était universellement exécré.

(Note du Traducteur).

1095. Je ne connaissais pas les tortures que les yeux éprouvent le soir et le faisceau de branchages de palmier. Celle qui porte de petits bracelets, qui se suivent comme les fleurs d'une guirlande, me les a donnés, (parce que je pense toujours à elle.)

1096. Naïf que je suis! Mes yeux me refusent le sommeil (à cause de mon amante). C'est pourquoi même à minuit, je pense au faisceau de branchages de palmier, sur le quel je dois monter.

1097. Il n'y a pas de naissance plus grandiose que celle de la personne du sexe feminin qui, bien que souffrant de la maladie de l'amour, lequel n'a pas de bornes comme l'océan, ne monte cependant pas sur le faisceau de branchages de palmier.

1098 Sans compter que l'on ne peut impunément manquer de respect à ceux qui ont la plénitude de la sagesse et sans considérer qu'ils peuvent beaucoup accorder, l'amour de cette jeune fille, au lieu de se cacher d'eux, a été jeté en pâture (à la malignité publique).

1099. Je vivais d'une vie discrète et cachée; aussi personne ne me connaissait et au lieu de continuer cette vie, je me suis décidé à me produire dehors pour me faire connaître. Mon amour, pris de vertige, tournoie dans les rues de cette ville.

1100. Les imbéciles se rient de moi, de manière non seulement à être entendus mais aussi à être vus de moi, parce qu'ils n'ont pas souffert de la maladie dont je souffre.

CHAPITRE CXV.

Faire connaître le bruit public.

LUI A LA COMPAGNE.

1101. Parce que l'amour (qui existe entre ta Dame et moi) est connu du Public, la précieuse vie reste en moi, (qui m'attriste de ne pas l'obtenir), comme si je l'ai obtenue. Je le sais grâce à Dieu, mais les diffamateurs l'ignorent.

1102. Ignorant les difficultés qu'il y a d'obtenir cette (jeune fille) dont les yeux ressemblent aux fleurs, cette ville l'a diffamée et me l'a, grâce à cette clameur, donnée (à bon compte).

1103. La rumeur diffamatoire de cette ville, qui a connu notre union secrète, est de nature à me faire obtenir cette union, si je ne l'avais pas obtenue.

1104. Mon amour s'est dévéloppé par la clameur publique. A défaut de celle-ci, il aurait perdu sa force et se serait étiolé.

1105 Boire du vin est délicieux aux ivrognes, toutes les fois qu'ils sont gais. De même l'amour m'est plus délicieux, toutes les fois qu'il est ébruité.

ELLE.

1106. Une seule fois j'ai vu mon amant. Le bruit s'en est répandu partout, comme lorsque le serpent dévore la lune.

1107. La plante qu'est cette maladie d'amour croît, fertilisée par l'engrais qu'est la clameur des gens de la ville et arrosée par l'eau que sont les semonces de ma mère, (qui a entendu le potin de la ville).

1108. Penser étouffer l'amour par l'ébruitement, c'est penser éteindre le feu, avec du beurre clarifié.

1109. Celui qui m'a dit, lorsque je l'ai rencontré: " N'aie crainte, je ne me séparerai pas de toi," doit-il, aujourd'hui que nous nous sommes conduits de manière à faire honte à ceux qui nous ont surpris dans l'isolement, reculer, devant la honte causée par la clameur publique ?

1110. Cette ville elle-même pousse la clameur que j'ai ci-devant tant désirée, pour partir ensemble. Désormais mon amant en fera son profit, si je le lui demande.

SECTION II.

De la Chasteté.

CHAPITRE CXVI.

Angoisse de la séparation.

LA COMPAGNE À LUI.

1111. Annoncez-moi la nouvelle que vous ne vous séparerez pas de nous; au contraire, annoncez (la nouvelle de) votre prompt retour (après la séparation), à ceux qui survivront alors.

ELLE À LA COMPAGNE.

1112. (Lorsque je me tenais derrière lui, ornée de guirlande de fleurs et de feuilles), son regard à lui seul faisait mon délice (parce qu'il traduisait son désir de l'union). Maintenant cette union même m'attriste, par ce qu'empreinte de la crainte de la séparation.

1113. Il m'a été difficile de me convaincre de la sincérité de sa protection et de son amour, (une fois que la séparation s'est produite entre moi et lui, qui se rappelle sa promesse de non-séparation et qui connaît l'angoisse que j'éprouvrai de la séparation.)

1114. Le premier jour que nous nous sommes rencontrés, il m'a promis la protection, en disant: "Naie crainte. Du courage!" S'il se sépare ensuite, (la faute n'en est-elle pas à lui ? Ai-je eu tort d'avoir ajouté foi à ses paroles ?

1115. Si tu veux sauver ma vie, empêche le maître de ma vie de partir. S'il s'en va, ma vie partira avec lui et il me sera impossible ensuite de m'unir à lui.

1116. Si lui, qui connait l'ardeur de mon amour, a la cruauté de me dire en face: "Je pars !", il me faut abandonner l'espoir qu'un tel homme, ayant pitié de mes transes, reviendra me protéger ensuite.

1117. S'il a de l'inimitié pour moi ? Les bracelets, qui m'ont glissé du poignet parce qu'ils ont pressenti son départ (sans qu'il le leur ait annoncé), ne m'ont-ils pas révélé son départ? Faut-il que tu m'annonces (son départ) sur son indication ?

1118. Vivre dans une ville étrangère, loin des compagnes, qui comprennent les signes, est une souffrance. Etre séparée de son amoureux est une souffrance encore plus vive.

1119. Le feu brûle celui qui le touche. A-t-il la propriété de brûler, comme l'amour, celui qui s'en éloigne ?

1120. (Tu dis vrai !) Nombreuses sont celles qui supportent l'avis de la séparation, qui y consentent même, qui endurent la douleur de la séparation, et qui y survivent en se faisant à la solitude.

CHAPITRE CXVII.

Le dépérissement, suite de la douleur de la séparation.

ELLE À LA COMPAGNE.

1121. De honte, j'ai caché ma douleur ; mais elle augmente d'intensité, telle l'eau de la source que l'on épuise et qui jaillit de plus en plus.

1122. Je ne suis pas en état de cacher mon mal d'amour (aux autres). Le faire révéler à celui qui me l'a causé, me fait honte. (Que vais-je faire) ?

1123. Le mal d'amour et la honte (de ne pouvoir le révéler à celui qui l'a causé) sont suspendus dans mon corps, comme deux poids suspendus aux bouts d'une perche et mon corps ne peut les supporter.

1124. De ces deux maux communs à toutes, c'est encore le mal d'amour que j'éprouve le plus. Il est comme un océan et pour le franchir, je n'ai pas une barque sûre.

1125. Celui qui me fait souffrir dans l'amour, que ne me fera-t-il pas s'il est ennemi ?

1126. La volupté que l'amour donne dans l'union est grande comme l'océan ; mais la douleur qu'il cause pendant la séparation, est plus grande que l'océan.

1127. Ce n'est pas que je ne nage pas dans la mer orageuse de l'amour, je nage; mais je n'aperçois pas le rivage. Il est minuit; je reste seule livrée à moi-même et je ne suis pas encore morte !

1128. Cette nuit a été affectueuse pour moi. Elle a endormi tous les êtres vivants, mais n'a eu que moi, pour compagne.

1129. Les nuits qui étaient courtes (lorsque je jouissais de la volupté de l'amour avec mon mari), s'écoulent lentement, maintenant (que je souffre de sa séparation). Elles sont plus cruelles que mon cruel mari.

1130. Si mes yeux, comme mon cœur, ont le pouvoir de se rendre promptement là où il est, ils ne peuvent traverser par la nage, la mer de leurs propres larmes.

CHAPITRE CXVIII.

La consomption des yeux causée par le désir ardent de voir le mari.

ELLE À LA COMPAGNE.

1131. Je souffre de ce mal d'amour incurable, parce que mes yeux m'ont montré (mon amoureux). Aujourd'hui, ils pleurent (en me demandant de le leur montrer) ; à quoi pensent-ils donc ?

1132. Pourquoi mes yeux peints, qui ont alors regardé (avidemment mon mari sans examiner ni savoir ce qui pouvait arriver), souffrent-ils aujourd'hui, sans comprendre que c'est une douleur qu'ils se sont créée eux-mêmes et qu'en conséquence, ils doivent la supporter ?

1133. Ce sont mes yeux qui se sont empressés eux-mêmes de voir (ce jour mon mari), ce sont encore eux qui pleurent aujourd'hui. Cette conduite insensée mérite que j'en rie.

1134. En plaçant devant moi cette douleur ininterrompue, qui causera ma mort, mes yeux peints sont taris de larmes, de manière à ne pouvoir pleurer.

1135. Mes yeux, qui m'ont causé ce mal d'amour dont l'intensité rend (proportionnellement) plus petite l'étendue de l'océan, sont atteints, grâce à ce mal, de l'insomnie et souffrent eux-mêmes.

1136. Oh! qu'il m'est doux de constater, que mes yeux, qui m'ont causé ce mal d'amour, souffrent eux-mêmes de l'insomnie et pleurent!

1137. Que mes yeux qui ont désiré ardemment, qui se sont empressés de voir et qui ont vu sans cesse (mon mari) souffrent, souffrent aujourd'hui, du mal de l'insomnie et tarissent de larmes.

1138. Il y a ici des femmes qui n'aiment pas avec le cœur mais seulement par paroles. A quoi est bonne leur existence du moment que leurs yeux qui ne voient pas le mari, ne connaisisent pas le repos.

1139. Mes yeux ne dorment pas, lorsque mon amant ne vient pas. Ils ne dorment pas non plus lorsqu'il vient, par crainte de la séparation. Dans les deux cas, ils souffrent d'une douleur insupportable.

1140. Il n'est pas difficile aux gens de cette ville, de découvrir le secret enterré dans le cœur de celles, qui comme moi, ont des yeux, qui sont un tambour qui ne résonne pas.

CHAPITRE CXIX.

Lamentations sur la pâleur.

1141. A qui me plaindre de ma pâleur (causée par la douleur de la séparation) moi, qui ai consenti à la séparation de mon amant, trompée par ses cajoleries.

ELLE À LA COMPAGNE.

1142. (Je supporte ma douleur,) mais, par excès de la vanité qu'elle a été causée par mon amant, cette pâleur envahit tout mon corps.

1143. Il m'a ravi ma beauté et ma pudeur, (au moment de la séparation), en me donnant en échange, cette maladie d'amour et cette pâleur.

1144. Je me rappelle ses paroles, je cèlèbre par la langue ses bonnes qualités. A ce moment même, cette pâleur m'a envahie par traîtrise.

1145. Ce jour-là, mon amant est parti là-bas et c'est ici, que la pâleur m'a atteinte.

1146. Telle l'obscurité qui guette la langueur de la lampe pour approcher, telle la pâleur a guetté la cessation de l'union, pour m'approcher.

1147. Jadis, un jour, j'ai embrassé mon amant: je m'en suis séparée par mégarde, un instant. La pâleur a profité de cet instant pour s'emparer de moi, comme pour me ravir.

1148. On me blâme, en disant: "elle a pâli, ne pouvant supporter la séparation"; mais il n'y a personne, pour lui reprocher de m'avoir abandonnée.

1149. Peu importe que mon teint pâlisse, ma chère, si tu crois que celui qui m'a fait consentir (à cette séparation) est revenu à de meilleures intentions!

1150. Ceux qui ne blâment pas la cruauté de celui qui s'est uni à moi, avec des paroles trompeuses, me font du bien, en me reprochant ma pâleur.

CHAPITRE CXX.

Acuité de la souffrance de l'amour non partagé.

ELLE À LA COMPAGNE.

1151. Celles qui ont le bonheur d'être réellement aimées de leurs amants, obtiennent le fruit, sans noyau, de l'amour.

1152. La tendresse que témoignent sincèrement les amants qui ne souffrent pas la séparation, à celles qui ne peuvent pas vivre séparées d'eux, est la même que celle que la pluie témoigne aux êtres qui vivent, en mettant tout leur espoir en elle.

1153. La vanité de vivre heureuses convient à celles-là seules, qui sont aimées réellement par leurs amants.

1154. Elles ont le mauvais destin en partage, celles qui, même jouissant de l'estime des femmes chastes, ne sont pas aimées des amants qu'elles chérissent.

1155. Quelles délices me procurera mon amant, s'il ne me rend pas l'amour que j'ai pour lui ?

1156. Si l'amour n'est pas partagé, il fait souffrir : au contraire, si comme les poids attachés aux extrémités d'une perche qui se font équilibre, il est partagé, il donne la félicité.

1157. Le dieu de l'amour qui n'assaillit qu'un des deux (homme ou femme) ne connait donc pas la maladie et l'excès de souffrance de celui qu'il assaillit ?

1158 Personne n'est aussi courageux que la femme qui supporte la séparation, sans même avoir un mot aimable de son amant.

1159. Mon amant ne m'aime pas ? Soit, mais n'importe la quelle de ses paroles est délicieuse à mon oreille !

1160. Vive mon cœur qui raconte tes misères à celui qui ne t'aime pas ! Il t'est difficile de supporter la douleur ? Efforce-toi de combler la mer de tes souffrances : (cela te sera plus facile).

CHAPITRE CXXI.

Lamentations de celle qui se souvient.

1161. Le souvenir des délices (passées) cause une félicité, grande et sans fin. L'amour est donc plus délicieux que le vin.

1162. Le souvenir de l'amant (absent) fait disparaître la douleur de la séparation : voyez comme la force de l'amour, quel qu'il soit, est puissante !

1163. Il me semble avoir envie d'éternuer et je ne subis pas l'accès. Il faut donc que mon amant fasse semblant de penser à moi et qu'en réalité, il ne pense pas à moi.

1164. Il séjourne toujours dans mon cœur. Ai-je ou non une place dans le sien ?

1165. (Mon amant) qui monte la garde autour de son cœur, pour ne pas m'y laisser entrer, n'aura-t-il pas honte de se montrer, sans cesse, dans le mien ?

1166. Je ne vis que par le souvenir de la volupté goûtée dans notre union. A défaut de cette ressource, par quel moyen pourrai-je vivre ?

1167. Je n'ai jamais connu l'oubli de cette volupté : si je n'y pense pas aujourd'hui, la séparation me brûlera le cœur. Si j'oublie, ce souvenir, comment pourrai-je ne pas mourir?

1168. Si souvent que je pense à lui, mon amant ne s'en offense pas ; tant est puissant, l'amour qu'il m'inspire !

1169. Ma douce vie passe, à penser beaucoup à l'inclémence de celui qui disait : « Nous deux ne sommes pas différents (l'un de l'autre »

1170. Vive la Lune ! Ne disparais pas au moins, jusqu'à ce que mes yeux revoient celui qui s'est séparé de moi, sans quitter mon cœur.

CHAPITRE CXXII.

Récit du songe.

ELLE À LA COMPAGNE.

1171. Quel honneur ferai-je au songe, qui m'a apporté le message de mon amant ?

1172. Si je meurs, mes yeux qui, par souvenir de la volupté passée, souffrent de l'insomnie, s'endormiront. Je relaterai alors à mon amant que j'ai vu en songe, comment j'ai échappé à la maladie de l'amour.

1173. Ma vie se maintient, parce que je vois en songe, mon amant, qui ne m'accorde pas ses faveurs dans la réalité.

1174. Le songe me donne (toutes les joies de) l'amour, parce qu'il va chercher et m'amène l'amant, qui me refuse ses faveurs dans la réalité.

1175. La volupté que j'ai éprouvée naguère, en voyant en réalité mon amant, a été identique à celle que j'ai éprouvée maintenant, en le voyant seulement en songe.

1176. S'il n'y a pas une malheureuse réalité, l'amant qui s'est uni à moi en songe, ne se séparera jamais de moi.

1177. Pourquoi donc le cruel qui ne m'a jamais accordé ses faveurs vient-il tous les jours, me tourmenter en songe ?

1178. Quand je dors, il est dans mes bras. A mon reveil, il s'empresse de rentrer dans mon cœur.

1179. Il n'y a que celle qui ne voit pas son amant en songe, (parce qu'elle n'en a pas) qui puisse faire grief au mien, de ne pas m'accorder ses faveurs en réalité.

1180. Les femmes de cette ville reprochent à mon amant de m'avoir abandonnée : Ne savent-elles donc pas qu'il vient me voir en songe ?

CHAPITRE CXXIII.

Jérémiades a l'approche du soir.

1181. Vive le Jour ! Es-tu le soir qui venait précédemment? Non. Tu as été, au contraire, le temps final qui se nourrit de la vie de celle, qui a epousé son amoureux.

1182. Vive le soir troublé ! Tu as, comme moi, des yeux qui ont perdu l'éclat ! Ta compagnie comme la mienne, a-t-elle donc la propriété d'être sans pité ? Dis-le.

1183. Jadis (alors que mon mari m'embrassait), le soir venait en tremblant et en pâlissant. Maintenant que j'ai la vie en dégoût, et que ma douleur augmonte, il empiète de plus en plus sur le jour.

1184. Le soir (qui venait revivifier ma vie, lorsque mon mari était présent), vient, maintenant que mon mari est absent, comme le bourreau, sur le lieu d'exécution, (pour enlever ma vie).

1185. Quel est le bien que j'ai fait au matin et quel est le mal que j'ai fait au soir ?

1186. Je ne savais pas, avant le départ de mon mari, que le soir (qui m'a causé tant de joie pendant la présence de ce dernier et qui m'a causé tant de mal dépuis sa séparation) fait souffrir.

1187. Cette maladie (d'amour) éclôt le matin, se développe pendant le jour et s'épanouit le soir.

1188. Le chalumeau du berger (qui m'a tant charmé) s'est transformé en feu qui brûle, s'est fait le messager du soir et est devenu l'arme qui me tue.

1189. A l'approche du soir (c'était moi qui, ci-devant me troublais et souffrais), désormais, lorsque le soir viendra, toute cette ville, qui le verra, se troublera et en souffrira.

1190. Ma vie, qui ne s'en est pas allée jusqu'ici, en raison de la séparation, s'éteindra en ce soir mélancolique, en pensant à celui qui considère l'avantage de la richesse, comme le sien propre.

CHAPITRE CXXIV.

Les membres perdent leur beauté.

ELLE.

1191. C'est moi qui souffre de cette séparation; cependant, mes yeux, à force de (pleurer) en pensant à celui qui est parti au loin, (ont perdu leur éclat et) ont rougi devant les fleurs odoriférantes, qui rougissaient devant eux.

1192. Les yeux qui pâlissent et versent des larmes semblent révéler aux autres, l'inclémence du bien-aimé.

1193. Les bras qui se sont enflés (par excès de joie) le jour des noces, s'étiolent maintenant, comme pour révéler avec force, à tous la séparation.

1194. Les bras qui ont perdu par la séparation, (non seulement la beauté artificielle qu'ils ont obtenue, grâce à lui, mais aussi, leur beauté naturelle, ont encore perdu leur majesté, au point que les bracelets d'or tournent autour d'eux.

1195. (La matin et le soir se présentent maintenant dans des conditions autres que celles, dans les quelles ils venaient, lorsque mon mari était avec moi). Les bras qui ont perdu leur beauté naturelle, ensemble avec les bracelets qui tournent, proclament l'impitoyable rigueur du cruel.

1196. Je supporte ma douleur, mais mes bras ne m'obeéssent pas, ils s'amincissent et laissent tourner les bracelets; je souffre intérieurement encore davantage, lorsque je t'entends lui reprocher toujours, à leur vue, sa cruauté.

1197. O mon cœur ! Ne peux-tu pas acquérir la gloire, en disant à mon cruel mari, le bruit que fait (en ville) le dépérissement de mes bras ?

LUI.

1198. Un jour que je l'embrassais fort, j'ai desserré un peu les bras pour ne pas lui faire de mal. Le front de cette femme ingénue qui porte des bracelets verts a pâli, ne pouvant souffrir ce geste Que sera-t-il devenu, pendant toute cette séparation ?

1199. Par suite de ce relâchement, un léger courant d'air s'est glissé entre les corps; (ne pouvant supporter ce courant d'air), les grands yeux frais de cette femme imgenue ont pâli. (Comment ont-ils pu supporter tous ces obstacles: tels que forêts, collins et villes) ?

1200. Ont-ils seulement pâli ces yeux ? Ayant aperçu la pâleur du beau front, ils en ont souffert aussi.

CHAPITRE CXXV.

Interpellation au coeur.

1201. O mon cœur ! Ne découvriras-tu pas et ne me diras-tu pas un remède, quelqu'il puisse être, à cette maladie incurable ?

1202. Vive mon cœur! Ton ignorance n'est-elle pas la cause de ce que tu te plains de son indifférence et de ce que tu t'attristes de ne pas le voir revenir ?

1203. O mon cœur ! (tu ne vas pas à lui et tu ne meurs pas ici), tu restes et pourquoi souffres -tu en pensant à lui ? Moi, je n'aurai jamais pitié de celui qui m'a causé cette douleur et je ne penserai pas à lui.

1204. O mon cœur ! (si tu veux aller à lui) amène avec toi ces yeux. Sinon ils me tortureront afin de se le faire montrer.

1205 O mon cœur ! Nous le désirons, lui est indifférent. Y a-t-il pour nous un moyen de l'abandonner, parce qu'il nous a dédaignés ?

1206. O mon cœur ! ((si je me fâche) il a le pouvoir de faire disparaitre ma colère, en s'unissant à moi. Si tu le vois, tu ne peux même pas feindre d'abord la colère, pour te réconcilier ensuite avec lui. C'est donc à faux que tu lui reproches sa cruauté.

1207. O mon bon cœur ! Renonce ou bien à ton amour ou bien à ta honte. Je ne suis pas en état de les supporter à la fois, tous les deux.

1208. Tu as pensé que, s'il ne m'a pas accordé ses faveurs, par pitié pour ma douleur, c'a été parce qu'il ignorait que je ne pouvais pas supporter ma douleur et tu t'es précipité derrière lui pour lui en faire part ! Tu es un niais, mon cœur!

1209. Mon amant a demeuré en toi-même. Tu le sais mon cœur ! Auprès de qui donc vas-tu le chercher maintenant ?

1210. Il m'a abandonnée pour un pas s'unir à moi. Si je le conserve encore dans mon cœur, (outre la beauté extérieure que j'ai perdue) je perdrai encore ma beauté intérieure !

CHAPITRE CXXVI.

Divulgation du secret d'amour.

1211. La hache de l'amour brise la targette qu'est la pudeur, la quelle ferme la porte connue sous le nom de secret d'amour.

1212. Quelque chose gouverne mon cœur en l'opprimant, même à minuit (où tout le monde se repose) ce quelque chose est l'amour: il est donc aveugle!

1213. Je pense cacher mon amour dans mon for intérieur : mais il n'obéit pas à ma volonté et se manifeste au dehors, comme l'éternûment.

1214. Hélas! Jusque maintenant, j'étais convaincue que je gardais bien le secret de mon mal d'amour. Mais aujourd'hui, mon amour déchirant tout voile, s'est produit en public.

1215. La dignité, qui consiste à ne pas courir derrière l'amant qui a abandonné, n'est pas connue de celles, qui sont atteintes du mal d'amour.

1216. De quelle nature est donc la douleur qui me torture et qui m'entraine à poursuivre l'amant, qui m'a abandonnée ? Elle est bien bonne!

1217. J'étais loin de connaître la honte, tant que mon amant m'a accordé par amour, toutes les satisfactions que j'ai désirées.

1218. L'arme, qui détruit la fortresse de notre secret d'amour, n'est-elle pas les paroles douce-reuses du voleur, qui a le talent de dire plusieurs mensonges ?.

1219. (Lorsqu'il est arrivé), résolue à le bouder, je l'ai fui. Mais j'ai senti que mon cœur commençait à s'unir à lui : aussi l'ai-je embrassé.

1120. Celles dont le cœur fond à la vue de leur amant, comme le suif dans le feu, peuvent-elles seulement avoir la pensée de bouder d'abord, et de s'unir ensuite ?

CHAPITRE XXXVII.

Avidité de se rencontrer.

ELLÈ.

1221. Mes doigts se sont usés à compter les jours que j'ai marqués sur la muraille. depuis sa séparation ; mes yeux ont perdu leur éclat et se sont affaiblis, en regardant le chemin par où il doit revenir.

ELLE À LA COMPAGNE.

1222. Femme chargée de bijoux brillants ! Si j'oublie aujourd'hui mon amant, la beauté m'abandonnera dans la naissance future et mes bras s'amínciront, au point de laisser les bracelets se détacher d'eux.

1223. Avide de conquêtes (et non de volupté), il est parti en dedaignant ma compagnie, avec pour toute compagne, son ardeur belliqueuse et moi je vis encore ici par le désir de son retour.

1224 Mon cœur se gonfle de joie, à la pensée que celui qui m'a abandonnée me reviendra avec tout son amour.

1225. Il faut que je revoie mon mari pour consoler mes yeux ! Une fois que je l'aurai revu, la pâleur disparaîtra de mes bras délicats.

1226. Que mon amri me revienne seulement un jour ! Je serai quitte avec cette maladie, qui me fait tant souffrir, et je jouirai alors de la volupté, par mes cinq sens.

1227. Au retour de l'ami, qui m'est aussi précieux que la prunelle des yeux, le bouderai-je ? ou l'embrasserai-je ? ou bien ferai-je les deux (gestes)?

LUI.

1228. Que le Roi engage la bataille et remporte la victoire ! J'irai, moi aussi, rejoindre ma femme et nous nous régalerons le soir.

1229. A celles, qui attendent anxieusement le jour annoncé pour le retour de celui qui est parti au loin, un jour parait comme sept.

1230. De quelle utilité seront l'attente du retour, le retour même et le baiser, si la bien aimée meurt auparavant, ayant le cœur brisé ?

CHAPITRE CXXVIII.

Sens des indices.

LUI A ELLE.

1231. Tu as beau le cacher ! Enfreignant tes désirs tes yeux peints me revèlent quelque chose

LUI À LA COMPAGNE.

1232. Ta Dame a une ingénuité plus prononcée que celle naturelle aux femmes, elle dont la beauté remplit mes yeux et dont les bras ressemblent à une tige de bambou.

1233. De même que le fil apparait à travers les grains de verre qu'il relie, il y a un indice qui apparait dans la beauté de cette jeune fille

1234. Semblable au parfum enfermé dans le bouton de fleur, il y a un indice révélateur dans le rire de ta naïve Dame.

1235. Se basant sur une séparation qui n'est pas dans ma pensée, celle qui a des bracelets serrés garde un secret qu'elle me cache. L'indice de ce secret possède la vertu de guérir mon incurable douleur. (Revèle-le moi).

ELLE À LA COMPAGNE.

1236. Le retour de mon amant a grandement adouci ma douleur; mais son union, qui me donne la volupté, tout en calmant ma souffrance, me rappelle cependant sa froideur.

1237. Ces bracelets ont deviné avant moi (qui connais cependant le sens des signes) la froideur de celui qui a décidé la séparation dans son cœur.

1238. Ce n'est qu'hier que mon amant est parti. Cependant la pâleur de mon corps date de sept jours

LA COMPAGNE À LUI.

1239 Elle a d'abord regardé ses bracelets (pour signifier que la séparation ne les laissera pas rester serrés), puis ses bras delicats (pour dire qu'ils s'aminciront aussi et pour vous prier de ne pas laisser ces événements se produire par votre départ), enfin ses pieds Tel est le signe qu'elle m'a fait.

LUI A LA COMPAGNE.

1240. Ne pas communiquer par paroles même à sa compagne, son mal d'amour, mais le lui indiquer par ses yeux; ne pas prier son amant de ne pas lui causer de douleur par sa séparation, mais regarder ses pieds, pour lui signifier qu'elle veut l'accompagner : c'est faire montre d'une feminité plus délicate que celle naturelle aux femmes.

CHAPITRE CXXIX.

Impatience de s'unir.

ELLE A LA COMPAGNE.

1241. S'exalter rien qu'à y penser et se ravir après s'être vus n'appartiennent pas aux ivrognes mais seulement aux amoureux.

1242. Lorsque l'amour envahit (intensément) une femme dans la proportion d'un palmier, il ne lui faut pas bouder (si peu que ce soit) même dans la proportion d'un grain de millet.

1243. Bien qu'ils fassent ce qui leur plait, sans faire cas de moi, mes yeux ne connaissent pas le repos, sans le voir.

1244. Mon amie ! J'ai boudé mon aimé avant de le voir; mais mon cœur (dès qu'il l'a vu,) a oublié (ce sentiment) et n'a songé qu'à s'unir à lui

1245. De même qu'en écrivant, l'œil ne voit pas la nature de la plume, je ne vois pas la faute de mon mari, dès que je l'aperçois.

1246. Lorsque je le vois, je ne vois pas ses défauts, mais lorsque je ne le vois pas, je ne vois rien en lui qui ne soit un défaut.

1247. A quoi bon d'imiter celui qui s'élance dans un courant, sachant qu'il sera enporté par lui ! A quoi bon de bouder, sachant que je ne peux persister jusqu'au bout dans ma bouderie ?

LA COMPAGNE À LUI.

1248. Voleur ! Ta poitrine ressemble au vin qui est désiré par celui qui prend plaisir à le boire, bien qu'il ne lui cause rien qui ne le conduise à la honte !

LUI.

1249. L'amour est plus délicat que la fleur. Bien peu nombreux sont ceux qui en jouissent, sachant sa délicatesse.

1250. Mon amante m'a boudé des yeux seulement, mais dans l'union, elle a montré plus d'empressement que moi-même. (ce n'est donc pas elle, celle qui me resiste avec tant d'acharnement !)

CHAPITRE CXXX.

Reproches adressés au coeur.

ELLE.

1251. O mon cœur ! tu vois combien son cœur épouse son indifférence, lorsqu'il ne pense pas à moi. Pourquoi donc toi seul n'es-tu pas pour moi ?

1252. O mon cœur ! tu es bien convaincu de son indifférence à notre égard. Cependant tu t'inclines vers lui, dans la croyance qu'il ne se fâchera pas. Y a-t-il une sottise plus grosse que celle-ci ?

1253. Est-ce parce que tu penses que les infortunés n'ont pas de bienfaiteurs en ce monde, que tu le suis comme tu désires ?

1254. (Tu ne songes qu'à te rejouir dès que tu le vois). O mon cœur ! tu ne considères pas ses torts, tu ne songes pas à le bouder, dans la mesure du possible, et à t'unir ensuite à lui. Qui donc peut compter sur toi ?

1255 Toutes les fois qu'il n'est pas près de moi, mon cœur a peur qu'il ne vienne pas. Toutes les fois qu'il est avec moi, il a peur qu'il ne se sépare de moi. Ainsi il n'y a pas de fin à la douleur de mon cœur !

1256. Mon cœur est resté ici. Pourquoi ? Pour me torturer, lorsque seule, je reflêchissais aux cruautés de mon mari.

.257. De concert avec mon cœur insensé, qui n'a pas même la dignité d'oublier celui qui l'a oublié, j'ai oublié moi-mêm ma propre dignité plus précieuse que la vie.

.258. Mon cœur avide de vivre, croyant que c'est un déshonneur de mépriser celui qui nous a méprisés, pense toujours à sa constance.

1259. Qui donc nous aidera, si le cœur, dont la fonction naturelle est d'aider la guérison de la douleur qui nous atteint, ne nous aide pas ?

1260. Du momment que le cœur, notre soutien naturel, ne reste pas nôtre, n'est-il pas aisé aux étrangers de ne pas devenir notre (soutien)?

CHAPITRE CXXXI.

De la bouderie.

LA COMPAGNE A ELLE.

1261. Contemplons un instant le chagrin qu'il va enduresr. Au lieu de t'empresser de l'embrasser, boude-le.

1262. La bouderie est le sel de l'amour. La laisser trop durer équivaut à trop saler la nourriture.

ELLE.

1263. Ne pas embrasser celle qui boude équivaut à rendre plus cuisante la douleur de ceux qui souffrent.

1264. Ne pas se concilier avec celle qui boude et ne pas s'unir ensuite à elle, équivalent à couper par les racines la liane, qui dépérit faute d'eau

LUI EN SOI-MEME.

1265. La beauté des amants, qui sont doués de bonnes qualités, n'est-elle pas l'excès du mécontentement qui pointe dans la cœur des femmes dont les yeux ressemblent aux fleurs?

1266. S'il n'y a ni froncement de sourcils ni dépit chez l'amante, l'amour ressemble aux fruits trop murs et aux fruits trop verts.

1267. Douter de la longue ou de la courte durée de l'union, introduit la douleur dans la bouderie, qui est cependant in dispensable à la volupté.

LUI A ELLE.

1268. A quoi bon de souffrir si l'on n'a pas un amant, pouvant comprendre la douleur de l'amante qui a souffert à cause de lui ?

1269. L'eau (qui est nécessaire à la vie) n'est délicieuse qu'à l'ombre; de même la bouderie (qui est nécessaire à l'union) n'est délicieuse que pour les amoureux.

1270. Pourquoi mon cœur ne fait-il pas cas de la bouderie ? Pourquoi s'efforce-t-il de s'unir à celle-qu'il sait capable de le rejeter ? Par la passion.

CHAPITRE CXXXII.

Finesse de la bouderie.

ELLE A LUI.

1271. O amant des prostituées ! Tous les êtres, qui ont la nature féminine, te devorent des yeux! Je n'étreindrai pas ta poitrine avilie.

ELLE A LA COMPAGNE.

1272. Je boudais. Il a éternué, pensant que je cesserai ma bouderie et que je lui dirais : "Soyons unis pour longtemps !"

LUI A LA COMPAGNE.

1273. J'ai porté une guirlande de fleurs. Elle a prétendu que je la portais pour la montrer à une amante et elle (voulant dire que nous nous aimions plus que n'importe quels autres deux amoureux) s'est fâchée.

1274. Je lui ait dit que nous nous aimions plus que les autres. Mais (ta patronne) se méprenant sur le sens de ma parole s'est refrognée tout de suite, disant: "Qui tous? Qui tous ?"

1275. Je lui ai dit (par excès d'amour) que je ne me séparerais pas d'elle dans cette existence. (Croyant que je projetais notre séparation dans l'autre existance), ses yeux se sont remplis de larmes.

1276. J'ai pensé à toi, lui ai-je dit, (en bref, au lieu de dire : "je n'ai jamais cessé de penser à toi.") Croyant que, du moment que je disais que j'avais pensé à elle, je l'avais oubliée un moment) elle s'est écriée : "Vous m'avez donc oubliée"! Elle, qui allait m'embrasser, m'a boudé aussitôt.

1277. J'ai éternué : elle m'a félicité. (Les hindous croient que seul éternue celui au quel pense un ami absent). Puis revenant sur ses sentiments elle m'a demandé ;" qui donc de vos amantes a pensé à vous pour que vous ayez éternué ? " et elle s'est mise à pleurer.

1278. J'ai contenu mon éternument, (pour ne pas encourir sa colère). C'est pour me cacher que quelque amante a pensé à vous que vous avez fait ce geste, m'a-t-elle dit et elle a pleuré.

1279. Je lui adresse des prières pour lui faire cesser sa bouderie. Elle me repond. « C'est ainsi que vous avez l'habitude de cajoler vos autres amantes ".

1280. Suis-je en extase devant sa beauté ? Elle me boude encore, disant « à la beauté de quelle amante venez-vous de comparer la mienne "?

CHAPITRE CXXXIII.

Charme de la bouderie.

ELLE Á LA COMPAGNE.

1281. Je n'ai rien à lui reprocher. Je le boude cependant, parce que seule la bouderie me procure la volupté de ses caresses.

1282. Par le petit chagrin que lui cause ma bouderie, la tendresse de mon amant retarde bien un peu, mais elle n'a ensuite que plus de charme.

1283. Y a-t-il un monde céleste (qui cause autant de delice) autre que la bouderie, pour ceux qui vivent en parfaite union, comme l'eau avec la terre ?

1284. L'arme. qui brise mon cœur désireux de l'union, est renfermée dans son étreinte, qui l'aide à ne pas se séparer de moi.

1285. Il y a un charme particulier qui se fait sentir, lorsqu'un amant, qui n'a rien à se reprocher, ne peut cependant pas enlacer les bras délicats de l'amante tant convoitée.

1283. Digérer cause plus de charme que se nourrir ; la bouderie cause plus de charme à l'amour que l'union.

1287. Dans la bouderie des amoureux, il y en a un qui a le dessous: c'est le véritable vainqueur. Il ne s'en aperçoit pas sur le moment, mais seulement lors de l'union.

1288. La sueur, qui perle sur son front, a-t elle le pouvoir de me procurer, une seconde fois, la volupté de l'union, grâce à sa bouderie ?

1289. Que celle qui est parée d'étincelants bijoux me boude ! Il faut seulement que la nuit se prolonge, pour me permettre de mendier ses bonnes grâces et d'avoir raison de sa bouderie.

1290. Le charme de l'amour, c'est la bouderie. Le charme de la bouderie, c'est l'union.

FIN.